Leonardo Villena

unter Mitarbeit von

Luigi Crespi - François Enaud - Werner Meyer - Arnold Taylor

GLOSSAIRE

Burgenfachwörterbuch des mittelalterlichen Wehrbaus

in deutscher, englischer, französischer, italienischer, spanischer Sprache

herausgegeben vom Internationalen Burgen-Institut IBI

Redaktion Dr. Ing. Werner Meyer

VERLAG WOLFGANG WEIDLICH
FRANKFURT AM MAIN

Auslieferung: Umschau Verlag Frankfurt am Main

Satz und Druck: Hohenloher Druck- und Verlagshaus, Gerabronn
Einband: Georg Gebhardt, Ansbach
Printed in Germany

ISBN 3 8035 8354 3

VORWORT

Diejenigen, die eine gewisse, wenn auch nur oberflächliche Kenntnis der Burgen-
literatur haben, wissen sehr wohl, welche Schwierigkeiten auftauchen, wenn man
Fragen der Terminologie klären will. Tatsächlich gibt es trotz der zahlreichen in
diesem Fach in aller Welt in den letzten zwanzig Jahren veröffentlichten Büchern
für diesen Bereich — bis heute — keine erschöpfende kritische Veröffentlichung.
Andererseits ist es unmöglich, genaue Definitionen der Fachausdrücke im Bereich des Wehrbaus in normal gebräuchlichen Lexiken zu finden.
Diese Lücke ist aus verschiedenen Gründen zu erklären. Der Mangel an Koordi-
nation unter den Wissenschaftlern verschiedener Länder und die Verschiedenheit
der Ausdrucksweise, die Isolierung, in der bisher die Spezialisten in ihren eigenen
Ländern gelebt haben und daraus folgend die Schwierigkeit sich untereinander
zu verstehen; so konnte das gleiche Wort von jedem mit unterschiedlicher Bedeutung gebraucht werden. Es ist zu bemerken, daß es sich nicht nur um Über-
setzung von Worten in verschiedene Sprachen handelt, sondern vielmehr um die
Schwierigkeit, die sich aus den verschiedenen Bedeutungen ein und desselben
Wortes im Laufe der Zeit oder auch zuweilen in verschiedenen Gegenden er-
gibt. Manchmal hat ein Ausdruck bereits in ziemlich benachbarten Gegenden
andere Bedeutung, zuweilen ist zu verschiedenen Zeiten das gleiche Wort mit
unterschiedlichem Sinn gebraucht worden.
Dieses Werk behandelt nur die Terminologie des mittelalterlichen Wehrbaus,
und zwar ebenso aus Vernunftsgründen wie... aus Gründen der Finanzierung.
Man muß hinzufügen, daß wir uns im Bereich der gewählten Epoche auf eine
begrenzte Zahl von Worten beschränkt haben. Die Terminologie kann anschlie-
ßend nach Maßgabe der fortentwickelten Studien vermehrt werden, aber sie soll
von nun an ein Ausgangspunkt zur besseren Verständigung bei unseren Zusammenkünften und in unseren Veröffentlichungen sein. Es handelt sich wohl-
verstanden nur um die erste Skizzierung eines Wörterverzeichnisses — lediglich
gedacht um einmal das Eis zu brechen — das wir nun den Lesern vorstellen, um
ihre Kritik zu erfahren und ihre Vorschläge zur Verbesserung und Ergänzung zu
erhalten.
Eine Kommission unter Leitung von Leonardo Villena arbeitet bereits an der Aus-
arbeitung eines Wörterbuches für weitere zwölf Sprachen — wobei den slawischen
Sprachen besondere Bedeutung beigemessen wurde. Man sollte in Zukunft daran

denken, weitere historische Perioden einzubeziehen und die bastionierte Befestigung sollte dabei besondere Beachtung finden. Auch sollte nicht übersehen werden, welche verschiedenen Aspekte sich mit unseren Studien berühren: strukturelle, philologische, formale, historische und juristische.

Das Internationale Burgen-Institut, IBI, 1948 in der Schweiz gegründet, hatte seinen ersten Sitz in der Burg Rapperswil und wurde später zusammen mit seinem Burgenmuseum nach Château Rosendael (Rozendaal Gld.) in Holland verlegt. Aus der Tätigkeit des Instituts ist die Herausgabe eines Bulletins zu erwähnen, von dem die Nr. 30 soeben erschienen ist, ferner die Veranstaltung einer Reihe von periodischen Zusammenkünften, bei denen sich die besten Kenner der Materie trafen, um jeweils ein anderes Thema zu erörtern. Es erscheint uns geraten, hier nochmals an die bisher abgehaltenen dreizehn Kongresse zu erinnern.

Der erste wissenschaftliche Kongreß fand 1960 auf der Burg Rapperswil statt, das Thema war: »Die Technik der Erhaltung und Instandsetzung von Burgen«. (Bericht veröffentlicht im Bulletin Nr. 14.)

Der zweite Kongreß 1962 in Madrid hatte als Thema: »Ziele und Grenzen der Instandsetzung von Burgen«. (Bericht im Bulletin Nr. 19.)

Der dritte Kongreß in Turin 1963 behandelte: »Die Inventarisation der Burgen«. (Bericht im Bulletin Nr. 20.)

Der vierte Kongreß war 1964 in Meran, das Thema hieß: »Kartographische Symbole«. (Bericht im Bulletin Nr. 22.)

Der fünfte Kongreß in Wien 1965 war der »Instandsetzung und Wiederbelebung verlassener Burgen« gewidmet. (Bericht im Bulletin Nr. 22.)

Der sechste Kongreß 1966 in Barcelona untersuchte: »Die Gesetzgebung im Bereich der Denkmalpflege«. (Bericht im Bulletin Nr. 23.)

Der siebte Kongreß 1967 in Gent behandelte: »Die vergleichende Terminologie im Bereich des Wehrbaus«. (Bericht im Bulletin Nr. 25.)

Der achte Kongreß 1968 in Athen erörterte: »Wehrbau von der Antike bis zum Mittelalter im Mittelmeerraum«. (Bericht in Akten VIII. wissenschaftlicher Kongreß IBI, Chambre Technique de Grèce).

In Portugal, in Viseu 1969 war das Thema: »Die Charta von Venedig angewandt auf die Restaurierung von Burgen«. (Bericht im Bulletin Nr. 26.)

Der zehnte Kongreß im Jahre 1970 in Budapest behandelte: »Vorbereitende Arbeiten zur Entwicklung eines Instandsetzungsplanes für eine Burg«. (Bericht im Bulletin Nr. 27.)

Das Thema des elften Kongresses 1971 in Eggersberg in der Bundesrepublik Deutschland war: »Die Festungen des 16.—18. Jahrhunderts als Fortsetzung des mittelalterlichen Wehrbaus«. (Bericht im Bulletin Nr. 29.)

Der zwölfte Kongreß in Krakau 1972 hatte als Thema: »Typologie und Terminologie der bastionierten Festung«. (Bericht erscheint im Bulletin Nr. 30.)

Der dreizehnte Kongreß 1973 in Paris behandelte das Thema: »Die Politik der kulturellen Belebung des Tourismus zu Gunsten der Burgen und Schlösser«. (Bericht erscheint im Bulletin Nr. 31.)

Bei Gelegenheit des dritten wissenschaftlichen Kongresses des IBI, bei dem — wie wir erfahren haben — die Inventarisation behandelt wurde, kam das Problem der Terminologie des Wehrbaus im internationalen Kreise erstmals zur Sprache, dabei erwiesen sich Fragen der Interpretation als fast unlösbar. Daher beschloß man, der Erörterung dieses Problems einen besonderen Kongreß zu widmen. Das Interesse, mit dem diese Anregung aufgenommen wurde, überzeugte uns davon, daß die Zeit zur Behandlung dieser Frage reif sei. In der Tat faßte man zwei Jahre später in Gent den Plan zur Erstellung einer mehrsprachigen Wehrbaufachwörterkartei ins Auge.

Basierend auf einer provisorischen Liste, die ich in Zusammenarbeit mit Luigi Crespi zusammengestellt hatte, konnten die auf dem Kongreß versammelten Experten die Fragestellung prüfen und Richtlinien für vertiefte Untersuchungen in diesem Bereich erörtern.

Leonardo Villena, Mitglied des spanischen Rates für wissenschaftliche Forschung, hat eine erste Liste von Wörtern und Bezeichnungen in den europäischen Hauptsprachen zusammengestellt. Daraufhin wurde eine Kommission gebildet mit François Enaud für Französisch, Werner Meyer für Deutsch, Arnold Taylor für Englisch, Luigi Crespi für Italienisch, L. Villena als Vorsitzender übernahm das Spanische.

Im Gegensatz zu dem, was auf den ersten Blick zu vermuten war, warf das Problem Fragen technischer und sprachlicher Kenntnisse auf, die schwer zu entscheiden waren. Man muß wohl erkennen, daß wahrhaftig dank der Bemühungen des IBI die Erforschung des Wehrbaus jetzt im großen Rahmen der Architekturgeschichte den Platz einnimmt, der ihm zukommt. Heutzutage stellt der Wehrbau endlich eine akademische Disziplin dar.

Wenn wir uns an unsere Vergangenheit erinnern, an die bescheidenen Anfänge unseres Instituts und vor allem an die beschränkten Mittel, die uns zur Verfügung standen, so müssen wir erkennen, daß trotz großer Schwierigkeiten ein langer Weg zurückgelegt wurde und positive Ergebnisse aufzuweisen sind.

Die tiefe Dankbarkeit unseres Instituts gebührt Werner Meyer, der Leonardo Villena bei der Vorbereitung dieses Bandes unterstützte und der sich bemühte, einen kompetenten Verleger in der Person des Herrn Wolfgang Weidlich zu finden, der dieser Aufgabe Verständnis und Interesse entgegenbrachte.

Dank des persönlichen Einsatzes von W. Meyer konnte das Manuskript erstellt, die endgültige Fassung der Zeichnungen geschaffen werden, er übernahm die Gesamtredaktion.

Wir hoffen, daß das Team, das unter L. Villenas Leitung so gut gearbeitet hat, die Forschung fortsetzen möge um eine zweite verbesserte Auflage des Glossaires vorzubereiten, in der dann Anregungen der Leser berücksichtigt werden können. Diese zweite Auflage soll die indogermanischen Sprachen enthalten, die hier noch fehlen.

Wir hoffen endlich, daß unsere Arbeit bei allen Wehrbauspezialisten und allen daran interessierten Wissenschaftlern freundliche Aufnahme finden möge, an dieser Arbeit, die nicht nur als Huldigung an die gesamte Kultur, aber darüberhinaus als Beitrag zum internationalen Verständnis gedacht ist. Das Verständnis der Sprachen ist in der Tat einer der Vermittler — und sicher nicht der mindeste — der zur Verbrüderung der Geister beitragen kann.

Piero Gazzola

PREFACE

Tous ceux qui ont une certaine connaissance, même superficielle, des études publiées sur les châteaux forts savent bien quelles difficultés se posent lorsque l'on veut préciser les questions de terminologie. En effet, malgré le grand nombre de livres qui ont été publiés dans les deux dernières décennies, dans tous les pays du monde, il n'existe pas encore dans ce domaine — jusqu'à présent — de publication critique exhaustive. Il n'est pas possible, d'autre part, de trouver la définition exacte des termes d'architecture militaire dans les dictionnaires ordinaires.

Cette lacune peut s'expliquer par différentes raisons. Le manque de coordination entre les savants des différents pays et la diversité de formation, l'isolement, dans lequel ont vécu jusqu'ici, dans leur propre pays, les spécialistes ont eu comme conséquence la difficulté de s'entendre; ainsi, le même mot pouvait être employé, par chacun, avec une signification différente. Il faut remarquer qu'il ne s'agit pas seulement d'un problème d'équivalence de termes entre différentes langues, mais bien plus de la difficulté que posent les diverses significations qu'un même terme a pu revêtir au cours des temps ou, parfois, selon différentes régions. Il arrive souvent que le même mot ait des significations différentes dans des régions relativement proches et, aussi, que le même mot soit employé avec des significations différentes selon les époques.

Cet ouvrage traite seulement de la terminologie de l'architecture militaire du Moyen Age et cela pour des raisons de prudence et . . . de finances. Il faut ajouter que, pour la période choisie, nous nous sommes bornés à un nombre limité de mots. Cette terminologie pourra ensuite être augmentée au fur et à mesure du développement des études, mais elle devrait constituer dès à présent un point de départ qui nous permettra de mieux nous comprendre lors de nos rencontres et au travers de nos publications. Il ne s'agit, bien entendu, que d'une première esquisse de glossaire, qui a pour seule ambition de rompre la glace et que nous présentons au jugement des lecteurs pour recevoir leurs critiques, leurs propositions d'amendements et d'adjonctions.

Une commission, dirigée par Monsieur L. Villena, travaille déjà à l'extension du glossaire à douze autres langues — une importance particulière a été accordée aux langues slaves —. Il faudra penser, par la suite, à y inclure d'autres périodes historiques et les fortifications bastionnées devront y occuper une place à part. On ne devra pas oublier, non plus, les différents aspects que peuvent revêtir nos études: structurel, philologique, formel, historique et juridique.

L'Institut International des Châteaux Historiques, IBI, fondé en Suisse en 1948, a d'abord siégé au Château de Rapperswil et a été transféré par la suite, ainsi que son Musée des châteaux forts, au Château de Rosendael (Rozendaal, Gld), aux Pays Bas. Parmi les activités de l'Institut, il faut mentionner la publication d'un Bulletin, dont le 30 ème numéro vient d'être publié, et l'organisation d'une série de rencontres périodiques, où se sont retrouvés les spécialistes les plus compétents en la matière pour étudier à chaque fois un sujet différent. Il nous paraît opportun de rappeler ici les treize réunions qui ont déjà été tenues.

La première réunion scientifique eut lieu à Rapperswill en 1960, sur le thème de «La technique de préservation et de restauration des châteaux forts». (compte rendu publié dans le Bulletin n° 14)

La deuxième réunion se déroula à Madrid en 1962 et eut comme thème «Buts et limites dans la restauration des châteaux forts». (compte rendu publié dans le Bulletin n° 19)

La troisième réunion fut celle de Turin (1963) et traita de «L'inventaire des châteaux forts». (compte rendu dans le Bulletin n° 20)

La quatrième réunion eut lieu à Mérano en 1964, avec pour thème «Symboles cartographiques». (compte rendu dans le Bulletin n° 21)

A Vienne, en 1965, se tint la cinquième réunion scientifique, qui fut consacrée à «La restauration et la réanimation des châteaux forts isolés dans la campagne». (compte rendu dans le Bulletin n° 22)

La sixième réunion se déroula à Barcelone en 1966 et étudia »La législation en matière de restauration des châteaux forts». (compte rendu dans le Bulletin n° 23)

La septième réunion eut lieu à Gand en 1967 et traita de la «Terminologie comparée dans le domaine des châteaux forts». (compte rendu dans le Bulletin n° 25)

La huitième réunion scientifique fut tenue à Athènes en 1968: on y discuta des «Fortifications depuis l'antiquité jusqu'au moyen âge dans le monde méditerranéen». (compte rendu dans le Bulletin n° 24 bis)

Au Portugal, à Viseu, se déroula la neuvième réunion en 1969, qui eut comme thème «La Charte de Venise appliquée à la restauration des châteaux forts». (compte rendu dans le Bulletin n° 26)

La dixième réunion eut lieu à Budapest, en 1970, et traita du «Travail préparatoire à l'élaboration d'un projet de restauration d'un château fort». (compte rendu dans le Bulletin n° 27)

A Eggersberg, en Allemagne Fédérale, nous tînmes notre onzième réunion scientifique en 1971, dont le thème fut «Les structures fortifiées édifiées du 16ème au 18ème siècles». (compte rendu dans le Bulletin n° 29)

La douzième réunion eut lieu à Cracovie en 1972 et eut comme thème «Typologie et Terminologie des forteresses bastionnées«. (compte rendu dans le Bulletin n° 30)

La treizième réunion scientifique fut tenue à Paris, en 1973, et traita de la «Politique d'animation culturelle et de promotion touristique en faveur des châteaux forts». (compte rendu à paraître dans le Bulletin n° 31)

C'est à l'occasion de la troisième réunion scientifique de l'IBI qui traita — nous l'avons vu — de l'inventaire, que des questions de terminologie dans le domaine des châteaux forts ont été soulevées pour la première fois devant des assises internationales, posant des problèmes d'interprétation qui se révélèrent presque insolubles. C'est pour cette raison que l'on a envisagé de consacrer une réunion à l'étude de ce problème. L'intérêt avec lequel cette proposition a été accueillie nous a persuadés que le temps était venu d'aborder cette question. En fait, deux ans après, on envisagea à Gand la possibilité d'établir un fichier multilangue de l'architecture militaire du moyen âge.

Sur la base d'un premier fichier provisoire que j'avais préparé en collaboration avec Monsieur L. Crespi, les experts présents à la réunion ont pu étudier l'état de la question et établir ainsi les lignes directrices d'une recherche approfondie en ce domaine. Monsieur L. Villena, membre du Centre espagnol de la recherche scientifique, a préparé une première liste de termes et expressions, traduits dans les principales langues européennes. Par la suite, une commission a été nommée, formée de Monsieur François Enaud pour le français, Monsieur Werner Meyer pour l'allemand, Monsieur Arnold Taylor pour l'anglais, Monsieur Luigi Crespi pour l'italien. Monsieur Leonardo Villena, chargé de l'espagnol, en était le président.

Contrairement à ce qui aurait pu sembler à première vue, le problème a soulevé des questions de connaissances technique et linguistique, dont la solution a été difficile. Il faut bien reconnaître que c'est vraiment grâce à l'activité de l'IBI que les études sur l'architecture militaire occupent maintenant la place qui leur revient dans la grand domaine de l'histoire de l'architecture. Aujourd'hui, l'architecture militaire constitue enfin une discipline universitaire.

Lorsque nous nous souvenons de notre passé, de la modeste naissance de notre Institut et, surtout, de l'exiguïté des moyens dont nous avons pu disposer, nous devons reconnaître que, malgré de graves difficultés, un long chemin a été parcouru et des résultats positifs obtenus.

La profonde gratitude de notre Institut va à Monsieur W. Meyer, qui a assisté Monsieur L. Villena dans la préparation de ce volume et qui s'est efforcé de trouver un éditeur compétent, compréhensif et intéressé à nos recherches, en la personne de Monsieur Wolfgang Weidlich.

C'est grâce au dévouement personnel de Monsieur Meyer que l'on a pu mettre au point la maquette de ce volume, avec le tracé définitif des dessins et la mise en page de l'ensemble.

Nous espérons que l'équipe qui a si bien travaillé sous la direction de Monsieur Villena voudra bien continuer ses recherches et préparer une deuxième édition de ce glossaire, complétée et mise à jour en tenant compte des observations des lecteurs. Cette deuxième édition comprendra les langues indo-européennes qui nous manquent encore.

Nous souhaitons enfin que les spécialistes de l'architecture militaire et tous les savants intéressés veuillent bien accueillir notre travail, non seulement comme un hommage à la culture en général, mais plus encore comme une contribution à l'entente internationale. La compréhension des langues est, en effet, un des véhicules, et certainement pas le moindre, qui peut conduire à la fraternité des esprits.

Piero Gazzola

MEHRSPRACHIGE KARTEI DES MITTELALTERLICHEN WEHRBAUS

Einleitung von Leonardo Villena

Im Lauf des Jahres 1967 widmete der wissenschaftliche Beirat des I.B.I. unter Vorsitz von Prof. Piero Gazzola in Gent seinen 7. Kongreß der »vergleichenden Terminologie im Bereich der Burgen«. Die Diskussionsgrundlage bildeten eine Reihe von Zeichnungen, die die Herren Crespi und Gazzola vorlegten und auf einer Liste von Grundbegriffen, Ideen und ihren Erläuterungen in den verschiedenen Sprachen, die ich vorbereitet hatte.

Nach gründlicher Diskussion des Gesamtproblems und der einzelnen Begriffe, wurde beschlossen die Arbeit auf fünf Sprachen zu beschränken (deutsch, englisch, französisch, spanisch und italienisch) entsprechend den großen Sprachräumen bzw. den an mittelalterlicher Architektur reichen Ländern. Ein Fünferausschuß aus den Herren L. Crespi (Italien), F. Enaud (Frankreich), W. Meyer (Deutschland), A. Taylor (England) und mir, L. Villena (Spanien), wurde gebildet. Jeder von uns sollte in seiner Sprache die Erläuterungen der Grundbegriffe abfassen, auf verwandte Worte verweisen und auch den Zusammenhang der ausgewählten Bezeichnungen mit den zur Verdeutlichung beigefügten Zeichnungen erläutern. Luigi Crespi und später Werner Meyer erklärten sich bereit, nach den Anregungen aller Mitglieder die Zeichnungen anzufertigen, zu vervollständigen und zu verbessern. Die Endredaktion übernahm W. Meyer, Secrétaire des wissenschaftlichen Beirats.

Das Komitée hatte zwei Vollversammlungen in Athen und Paris, zwei weitere Versammlungen in Genf und Madrid unter Teilnahme von L. Crespi, W. Meyer und mir selbst. Darüberhinaus habe ich mich dreimal mit L. Crespi in Italien, zweimal mit F. Enaud in Paris, zweimal mit W. Meyer in München und einmal mit A. Taylor in England getroffen. Dank dieser Zusammenkünfte konnten die Beschlüsse von Gent vervollständigt werden und ferner wurden die ausgewählten Grundbegriffe samt den zeichnerischen Darstellungen und Vergleichsworten revidiert, indem die logische Ordnung der zusammengehörigen Karteiblätter angelegt wurde.

Wir haben versucht, zu einer systematischen Prüfung der Burgenfachwörter zu

---

(1) L. Crespi: Une proposition sur la methode de travail. — L. Villena: Proposal for a multilingual Glossary en Mediaeval Military Architecture und weitere Beiträge zum VII. wissenschaftlichen Kongreß des IBI. Bulletin No. 25/26 von 1969.

gelangen und in Kürze, Genauigkeit und Übereinstimmung die wichtigsten Elemente und Einzelteile zu beschreiben. Vielleicht ist dieses der Unterschied einer wissenschaftlichen Arbeit gegenüber dem Rahmen der Umgangssprache der Burgenbauer und Burgenbesucher. Andererseits, wenn die Sprache ein Mittel ist, die Dinge zu klären, so kommen wir zu einer den Tatsachen näherliegenden Erkenntnis, wenn wir gleichzeitig fünf Instrumente benutzen und die Dogmatik vermeiden. Das ist um so wertvoller, als man gegenüber seiner eigenen Sprache nicht kritisch Stellung nehmen kann, wir können das aber sicher bei den als Erwachsene erlernten Sprachen. Dank dieser vergleichenden Übung sind wir zu einer besseren Kenntnis unserer eigenen Sprache gekommen. All das waren die Aufgaben des Fünferausschusses.

Jedes Karteiblatt hat eine laufende Nummer und beginnt mit einer Zeichnung, die den Grundbegriff veranschaulicht. Auf der rechten Seite findet man die grundsätzlichen Erläuterungen (in den fünf Sprachen) welche, obgleich sinngemäß abgefaßt, erlauben, die in den einzelnen Ländern vorkommenden Besonderheiten anzugeben, ebenso wie die dem Grundbegriff am nächsten verwandten Bezeichnungen.

Die Zeichnungen und Grundbegriffe sind durch Abstraktion wirklicher mittelalterlicher Burgen entwickelt als Elemente eines Idealbaus. Man hat auf allgemeine bautechnische Fachausdrücke, die nicht für den Wehrbau spezifisch sind, verzichtet. Die Auswahl der Wörter wurde auf die gegenwärtig gebräuchlichen beschränkt (unter Verzicht auf historische Bezeichnungen), um die verschiedenen Begriffe zu klären, die man beim Studium des mittelalterlichen Wehrbaus vor dem Auftreten der Bastionen findet. Man muß immer beachten, daß gewisse mittelalterliche Bezeichnungen auch später bei der Bastionärbefestigung mit geänderter Bedeutung verwendet wurden. Hier wird jedoch nur die ursprüngliche Bedeutung berücksichtigt.

Die jeweils auf einem Karteiblatt erscheinenden Wörter haben unter sich verwandte Bedeutung, man hat jedoch nicht versucht, für das Wort einer Sprache das absolut gleichwertige der anderen Sprache zu finden. Man kann von einem Land zum anderen immer Verschiedenheiten feststellen, nicht nur in der Terminologie, sondern auch in der Ausdeutung der Grundbegriffe, besonders wenn man das Mittelmeerbecken mit Nordeuropa vergleicht (2). Deshalb sind die Zeichnungen auch möglichst schematisch gehalten, im Bestreben möglichst die charakteristischen

---

(2) L. Villena: Glossario de términos castellológicos medievales en lenguas romanicas. In: Castillos de Espana, No. 71. 1971, darin enthalten die weniger gebräuchlichen Sprachen, wie mittelalterliches Latein, provenzalisch, catalanisch.

Gemeinsamkeiten hervorzuheben, gelegentlich durch Abstraktion mehrerer Tatbestände mit Schattierungen.

Ich muß unterstreichen, daß es sich nicht darum handelt, ein mehrsprachiges Wörterbuch zu machen, d. h. die Wörter zu bestimmen und jedes zu dem der anderen Sprache in Beziehung zu setzen, sondern vielmehr darum, die wichtigsten Grundbegriffe zusammenzustellen und jeden Grundbegriff in jeder Sprache darzustellen, eine Wörterliste, in der die Reihenfolge der Wörter keine Bewertung bedeutet. Es ist klar, daß sich von einem Land zum anderen und von einer Epoche zur anderen die Bedeutung einzelner Wörter ändert, deshalb kann man keine absolute Genauigkeit in der Zuweisung der Bezeichnungen eines bestimmten Grundbegriffes erwarten und in dieser gedanklichen Ordnung kann es sein, daß ein und dasselbe Wort auf zwei verschiedenen Karteiblättern erscheint.

Die bedeutende Aufgabe, ein vollständiges mehrsprachiges Wörterbuch des mittelalterlichen Wehrbaus zu erarbeiten, muß anderen Gelehrten überlassen werden. Das einzige Ziel, das man verfolgt, ist aus dem Gesamtbild eines Wehrbaus eine Reihe von Einzelheiten herauszulösen, die (mit den unvermeidlichen Variationen) im Gesamtwerk des mittelalterlichen Wehrbaus in großen Teilen der westlichen Welt enthalten sind und die natürlich Parallelen in den gleichzeitigen Wehrbauten des Orients haben.

Die Karteiblätter am Beginn (mit römischen Ziffern) beziehen sich auf Haupttypen des Wehrbaus, in diesem Bereich gibt es die stärksten Abweichungen besonders bei den mitteleuropäischen Sprachen, wenn man jeden Grundbegriff mit einem Wort verbindet.

Die anderen Karteiblätter (arabische Zahlen) beinhalten die wesentlichen Elemente, aus denen ein Wehrbau besteht. Natürlich können sie nicht in alphabetischer Reihenfolge gebracht werden. Die Idee besteht bereits ehe sie durch ein Wort ausgedrückt wird, und es wäre ungerecht, der einen oder anderen Sprache den Vorzug zu geben. Wir haben daher versucht, eine logische Ordnung aufzustellen, die natürlich unvollkommen ist, indem wir den Wehrbau von außen nach innen beschrieben haben.

Die Blätter 1—13 beziehen sich auf die Hauptwerke außerhalb der Ringmauer.

Die Blätter 14—24 behandeln die Zugänge (mit zugehörigen Einzelheiten).

Die Blätter 25—37 behandeln die Grundelemente (Mauern und damit zusammenhängende Bestandteile).

Die Blätter 38—49 enthalten die Aufbauten.

Die Blätter 50—57 behandeln die inneren Bauteile der Burg.

Zur Erleichterung der Benutzung sind am Ende fünfsprachige Register aufgeführt, die die Leitzahlen der Blätter angeben auf denen das Wort erscheint.

Im Namen des Fünferausschusses muß ich all denen, die uns bei der Zusammen-
stellung dieser Kartei geholfen haben, unseren Dank aussprechen. Insbesondere
dem Präsidenten des wissenschaftlichen Beirats Professor P. Gazzola und dem
Präsidenten des I.B.I. Baron H. N. C. van Tuyll. Besonderer Dank gebührt auch
Herrn Professor L. Grodecki von der Sorbonne Paris für seine Überarbeitung der
französischen Version.
Diese Publikation ist ein Beitrag des I.B.I. zum Europäischen Denkmalschutzjahr.

MULTILINGUAL CARD-INDEX OF MEDIEVAL MILITARY ARCHITECTURE

Introduction by Leonardo Villena

In 1967 the Scientific Council of the I.B.I., under the presidency of Professor P. Gazzola, held its 7th meeting in Ghent, on the subject »The comparative terminology of castle studies«. The discussion was based on a collection of drawings presented jointly by Messrs Crespi and Gazzola and on a tabulated list of concepts or ideas with their corresponding words or terms in different languages, which I had prepared previously (1).

After having discussed the concepts both individually and collectively, it was agreed to restrict the work to five languages, viz. German, English, French, Spanish and Italian, corresponding to the principal linguistic regions as well as to those richest in fortifications; also a Committee of Five was created, composed of Messrs Crespi, Enaud, Meyer, Taylor and myself. Each ouf us undertook to write, in his own language, a definition of each of the concepts, assigning to it the corresponding terms, beside revising the list as a whole and also the drawings used to document them. Mr. Crespi, and later Dr. Meyer, following the suggestions of all the members, were charged with the task of correcting and completing the drawings. The final work of editing has been undertaken by Dr. Meyer as Secretary of the Scientific Counsil.

The Committee held two full meetings in Athens and in Paris, and two more with three participants — Messrs. Crespi, Meyer and myself — in Geneva and Madrid. Furthermore I met Mr. Crespi in Italy three times, Mr. Enaud in Paris twice, Dr. Mewer in Munich twice, and Dr. Taylor in England once. In these meetings the Committee improved on the proposals originally put forward at Ghent, revised the concepts or ideas to be taken into consideration, and established the logical order of the corresponding cards.

Our aim has been both to make a systematic survey of castles terminology and also to describe briefly, but with precision and uniformity, the more significant elements and component features. Perhaps this is what distinguishes a scientific work from the professional jargon of builders or even of tourists. On the other hand, if a language is an instrument to apprehend things, then when we use five

---

(1) See L. Crespi: »Une Proposition sur la méthode de travail«, L. Villena »Proposal for a multilingual Glossary on Medieval Military Architecture« and other contribuations to the 7th Scientific Meeting of the I.B.I. Bulletin I.B.I. No 25/26, 1969.

such instruments we may come closer to the truth, and we shall avoid being dog-matic. This is still more valid because one cannot take a critical position against one's own language, but certainly one can about other languages which we learn from the outside and as adults. Thank to this multilanguage exercise we finally know in a true and conscientious way our own language. This has been the task of the Committee.

Each card has a reference number and a drawing documenting the corresponding concept. On the right hand side are the generic descriptions (in each of the five languages) which, although similar, allow us to show the pecularities of the lan-guages of the countries concerned. In the lower part of the card are the most appropriate words, in each language, to designate the concept.

The drawings and concepts have been obtained, by abstraction, from actual me-dieval castles, as elements of an elaborate imaginary fortification. General archi-tectural terms not specific to castles have been rejected. The selection of the words has been limited to names in current use (rejecting obsolete and archaic words) in order to designate the different concepts which are encountered when studying medieval fortification prior to the appearance of the bastion. It has to be born in mind, however, that medieval terms were used later on in bastioned fortification with a different meaning; here we are concerned only with their original meaning.

The words which appear on each card will be found to resemble one another but we have not attempted to correlate a word in one language with its exact equi-valent in the others. Differences can always be found between one country and another not only in terminology but also in the way different concepts are worked out, especially when the Mediterranean basin (2) is compared with the North of Europe. The drawings are therefore necessarily schematic and »cold« trying to express the more common characteristics, as an abstraction of many real cases.

It is necessary to stress that we have not tried to write a Multilingual Dictionary, that means to define words and to correlate each of them with ones in other lan-guages. We rather sought to establish the more essential concepts of this type of fortification and to supply a list of the words that relate to each concept, without the order in which they appear representing a priority. It is clear that from one country to another and from one period to the other, the meaning of some words has changed and consequently one can not be exact in assigning a given word to a given concept; it is thus possible for the same word to appear on two different cards.

---

(2) See L. Villena »Glosario de terminos castellológicos medievales en lenguas románicas« Castillos de España, No 71. 1971, including less known languages, such as mediaeval latin, provençal and catalan.

The task, without any doubt an important one, to make a Multilingual Dictionary on Medieval Military Architecture has to remain reserved to others. For the time being the single goal to be reached is to isolate, from the harmonical ensemble of a fortification, a series of facets which (with unavoidable variations) are found in the medieval fortifications of a great part of the western world and which have, evidently, parallels in the eastern fortifications of the same period.

The preliminary cards (with Roman numerals) refer to the general type of fortifications and there is where more doubts can emerge — especially in the languages of Central Europe — when assigning words to each concept.

The other cards (with Arabic numerals) refer to the principal elements of which a fortification is composed. They clearly cannot be arranged alphabetically, partly because it is the idea and not the word which matters, and partly because it would be wrong to give priority to any one of the five languages. Therefore we have tried to follow a logical order, though this naturally cannot be perfect.

Cards 1 to 13 refer to general or »extra-mural« elements.

Cards 14 to 24 deal with access and approaches (with their corresponding elements).

Cards 25 to 37 refer to basic elements (walls and their components).

Cards 38 to 49 cover elements of super-structure.

Cards 50 to 57 cover internal features.

In order to facilitate the use of the card-index, alphabetical indexes have been provided in each of the five languages indicating the number of the card in which each word appears.

I wish to express, in the name of the Committee, our gratitude to all who have contributed to the realization of this card-index and especially to the President of the Scientific Council, Prof. Gazzola, and to the President of the I.B.I. Baron van Tuyll, and to Prof. L. Grodecki, for his contribution to the French version.

This publication is an I.B.I. contribution to the European Architectural Heritage Year.

FICHERO MULTILINGUE DE ARQUITECTURA MILITAR MEDIEVAL

Introducción por Leonardo Villena

En 1967 el Consejo Científico del I.B.I. celebró en Gante, bajo la presidencia del Profesor P. Gazzola, su VII reunión sobre el tema »La terminología comparada en el campo de los castillos«. La discusión estuvo basada en una colección de dibujos presentada conjuntamente por los Sres. Crespi y Gazzola y en una tabla de conceptos o ideas con sus correspondientes palabras o términos en varias lenguas, que yo había preparado previamente (1).

Después de haber discutido el conjunto y cada uno de los conceptos, se acordó reducir el trabajo a cinco lenguas (alemán, inglés, francés, español e italiano) correspondientes a las regiones lingüísticas más grandes o más ricas en fortificaciones, y se creó un Comité de Cinco compuesto por los Sres. Crespi, Enaud, Meyer, Taylor y yo mismo. Cada uno de nosotros debía redactar en su propia lengua, la definición de cada uno de los conceptos, asignándole los términos correspondientes, además de revisar el conjunto de los conceptos elegidos y los dibujos que les habían de documentar. El Sr. Crespi, y más adelante el Dr. Meyer, se encargaron, siguiendo las sugestiones de todos los miembros, de corregir y completar los dibujos. El trabajo final de la composición ha sido realizado por el Dr. Meyer como Secretario del Consejo Científico.

El comité ha tenido dos reuniones plenarias en Atenas y en París, y otras dos en Ginebra y en Madrid, con la participación de los Sres. Crespi, Meyer y yo mismo. Además yo me he encontrado tres veces con Crespi en Italia, dos veces con Enaud en París, dos veces con Meyer en Munich y una vez con Taylor en Inglaterra. A lo largo de estas reuniones el Comité ha perfeccionado los acuerdos de Gante y ha revisado los conceptos o ideas a tener en cuenta, así como sus dibujos y términos correlativos, estableciendo además el orden lógico de las fichas correspondientes.

Hemos tratado de hacer una revisión sistemática de la terminología de castillos y de describir con brevedad, precisión y uniformidad, sus elementos y detalles más significativos. Esto, quizás, es lo que distingue un trabajo científico del argot profesional de los constructores o visitantes de las fortificaciones. Por otro lado si

---

(1) Ver L. Crespi: »Une Proposition sur la méthode de travail«, L. Villena »Proposal for a multilingual Glossary on Medieval Military Architecture« y otras contribuciones a la VII Reunión Científica del I.B.I. Bulletin I.B.I. No 25/26, 1969

una lengua es un instrumento para aprehender las cosas, cuando utilizamos simultáneamente cinco de estos instrumentos llegamos a un conocimiento más próximo a la verdad, evitando dogmatismos. Esto es todavía más valido ya que no se puede tener una posición crítica sobre la propia lengua, pero ciertamente la tenemos sobre otras lenguas que aprendemos desde el exterior y ya adultos. Gracias a este ejercicio multilingue llegamos a conocer verdaderamente y de una manera consciente nuestra propia lengua. Todo esto ha sido la tarea del Comité de Cinco.

Cada ficha tiene un número de referencia y comienza por los dibujos que documentan el concepto correspondiente. En la página derecha se encuentran las descripciones genéricas (en cada una de las cinco lenguas) que, aunque parecidas, permiten introducir las peculiaridades existentes en el país donde se habla esta lengua. En la parte baja aparecen las palabras que, en cada lengua, son las más apropiadas para designar el concepto en cuestión.

Los dibujos y conceptos han sido obtenidos, por abstracción de los verdaderos castillos medievales, como elementos de una fortificación compleja e imaginaria. Se han desechado los términos generales de arquitectura, no específicos de los castillos. La selección de las palabras se ha limitado a los nombres utilizados en el presente (excluyendo las palabras obsolescentes o arcaicas) para designar los diferentes conceptos que aparecen cuando se estudia la fortificación medieval anterior a la aparición del baluarte. Hace falta sin embargo tener en cuenta que algunos términos medievales fueron utilizados más tarde y con una significación diferente en fortificación abaluartada; aquí se considera solo la significación original.

En cada ficha las palabras que allí aparecen tienen una significación semejante entre ellas, pero no se ha ensayado hacer una correlación entre una palabra de una lengua y aquellas que son exactamente equivalentes en las otras lenguas. De un país a otro se pueden encontrar siempre diferencias, no solamente en la terminología, sino también en la elaboración de los diferentes conceptos, especialmente cuando se compara la cuenca mediterránea (2) con la Europa del Norte. Por ello los dibujos son muy esquemáticos e incluso »frios«, tratando de expresar las características más comunes como abstracción de muchos casos reales, llenos de matices.

Es necesario destacar que no se trata de hacer un diccionario multilingue, es decir de definir palabras y de relacionar cada una con las de otras lenguas, sino de establecer los conceptos más fundamentales en este tipo de fortificación y asignar

---

(2) Ver L. Villena. »Glossario de términos castellológicos medievales en lenguas románicas« Castillos de España, No 71. 1971, que incluye lenguas poco conocidas como el latín medieval, el provenzal y el catalán.

a cada concepto y en cada lengua, una lista de palabras sin que su orden signifique prelación. Es claro que de un país a otro y de una época a otra, la significación de algunas palabras cambia y, por consecuencia no se puede ser exacto en la asignación de palabras a un concepto determinado, pudiendo ocurrir, por ejemplo, que una misma palabra aparezca en dos fichas diferentes.

La tarea, sin duda importante, de hacer un Diccionario multilingue de arquitectura militar medieval queda reservada a otros. Por el momento la única meta buscada es aislar, del conjunto armónico de una fortificación, una serie de facetas, que (con las variaciones inevitables) se encuentran en las fortificaciones medievales de una gran parte del mundo occidental y que tienen, evidentemente, su paralelo entre las fortificaciones del mundo oriental de la misma época.

Las fichas preliminares (cifras romanas) se refieren a los tipos generales de fortificación y es allí donde se pueden encontrar más dudas, especialmente en las lenguas de la Europa Central, al asignar palabras a cada concepto.

Las otras fichas (cifras árabes) corresponden a los principales elementos de que está compuesta una fortificación. Evidentemente no pueden ser ordenadas alfabéticamente, porque una idea existe ya antes de ser expresada por una palabra y, también, por la incorrección de dar prioridad a una de las cinco lenguas. Por ello se ha tratado de seguir un orden lógico que, naturalmente no puede ser perfecto.

Las fichas 1 a 13 se refieren a elementos generales e extramuros.

Las fichas 14 a 24 tratan de los accesos (con sus elementos correspondientes).

Las fichas 25 a 37 se refieren a los elementos básicos (murallas, y sus componentes).

Las fichas 38 a 49 corresponden a los elementos de supraestructura.

Las fichas 50 a 57 corresponden a las partes interiores.

Para facilitar el empleo del fichero, al final del mismo y para cada una de las cinco lenguas, se han redactado índices alfabéticos indicando el número de la ficha en la cual aparece cada palabra.

Deseo expresar, en nombre del Comité de Cinco, nuestra gratitud a aquellos que han ayudado a la realización de este fichero y en particular al Presidente del Consejo Científico Prof. Gazzola y al Presidente del I. B. I. Baron van Tuyll.

Esta publicacion es una contribution del I. B. I. al Año Europeo del Patrimonio Arquitectónico.

FICHIER MULTILANGUE D'ARCHITECTURE MILITAIRE MEDIEVALE

Introduction par Leonardo Villena

Au cours de l'année 1967 le Conseil Scientifique de l'IBI, sous la présidence du Prof. P. Gazzola, consacrait à Gand, sa 7ème réunion à «La terminologie comparée dans le domaine des châteaux-forts». La discussion était basée sur une collection de dessins presentés conjointement par M. M. Crespi et Gazzola, et sur une table de concepts ou d'idées et leur expression dans les différentes langues, que j'avais préparée auparavant. (1)

Aprés avoir discuté l'ensemble et chacun des concepts, on s'accorda pour réduire le travail à cinq langues (l'allemand, l'anglais, le français, l'espagnol et l'italien) correspondant aux régions linguistiques plus vastes ou plus riches en architecture militaire médiévale. Un Comité des Cinq fut constitué composé de MM. L. Crespi (Italie), F. Enaud (France), W. Meyer (Allemagne), A. Taylor (Angleterre) et de moi même, L. Villena (Espagne) en plus. Chacun de nous devait rédiger la definition des concepts dans sa propre langue, en signalant les termes correspondants, en plus de reviser l'ensemble des concepts choisis et les dessins destinés à les documenter. M. Crespi, et par la suite M. Meyer, se chargaient, suivant les suggestions de tous les membres, de corriger, et de completer les dessins. Le travail final de la composition a été fait par M. Meyer, en tant que Secrétaire du Conseil Scientifique.

Le Comité a eu deux reunions plénières à Athènes et à Paris, et deux autres à Genève et à Madrid, avec la participation de MM. Crespi, Meyer, et moi même. En plus de cela je me suis rencontré trois fois avec M. Crespi en Italie, deux fois avec M. Enaud à Paris, deux fois avec M. Meyer à Munich, et une fois avec M. Taylor en Angleterre. Grace à ces reunions nous avons pu perfectionner les accords de Gand et nous avons pu reviser les concepts ou les idées retenues, leur dessins et les termes correspondants, en établissant l'ordre logique des fiches correspondantes.

Nous avons éssayé de procéder à une révision systhématique de la terminologie des châteaux forts, et de décrire, avec brièveté, précision et uniformité, les éléments et les détails les plus significatifs. Peut être est-ce la distinction d'un travail scien-

(1) Voir L. Crespi: «Une Proposition sur la méthode de travail», L. Villena »Proposal for a multilingual Glossary on Medieval Military Architecture», et d'autres contributions a la 7éme Reunion Scientifique de l'IBI. Bulletin IBI numéro 25/26, 1969.

tifique au dela de l'argot professionnel des bâtisseurs ou visiteurs de fortifications. D'autre part, si une langue est un instrument pour apprendre des choses, quand nous utilisons simultanément cinq «instruments» parallèles, nous arrivons à une connaissance plus proche de la vérité en évitant le dogmatisme. Cela est plus valide parce-qu'on ne peut pas avoir une position critique vis à vis de notre propre langue, mais nous l'avons sans doute en ce qui concerne les langues apprises de l'extérieur et étant déjà adultes. Grâce à cet exercice comparatif nous sommes arrivés à mieux connaître nôtre propre langue. Tout cela a été la tâche du Comité des Cinq.

Chaque fiche a un numéro de référence et commence par des dessins, qui documentent ce concept. Sur la page de droite on trouve les génériques descriptions dans chacune des cinq langues qui, quoique semblable, permet d'introduire, dans la langue dont on a besoin, les particularités existantes dans les pays où l'on parle cette langue. Au bas de la page apparaissent les mots qui, dans chaque langue, sont les plus proches des concepts en question.

Les dessins et les concepts ont été obtenus par abstraction des vrais châteauxforts medievaux, comme elements d'un ouvrage fortifié complexe et imaginaire. On a rejeté les termes généraux d'architecture non specifiques des châteaux-forts. La sélection des mots a été limitée aux termes utilisables à present (à l'exclusion des mots désuets ou archaïques) pour désigner les differents concepts que l'on trouve lorsque l'on étudie la fortification médiévale antérieure a l'apparition du bastion. Il faut tenir compte néanmoins du fait que quelques termes médiévaux ont été utilisés postérieurement, avec une signification différente, dans la fortification bastionnée; mais ici on ne considère que l'acceptation originale.

Les mots qui apparaissent dans chaque fiche ont une signification semblable entre eux, mais nous n'avons pas essayé de faire une corrélation entre un mot d'une langue et ceux qui sont exactement équivalents dans les autres langues. D'un pays a l'autre on peut toujours trouver des différences, non seulement dans la terminologie, mais aussi dans l'élaboration des concepts, spécialement en comparant le Bassin Mediterranéen (2), avec le Nord de l'Europe. C'est pour cela que les dessins sont très schématiques, même «froids», cherchant à exprimer les caractéristiques les plus communes, en tant qu'abstraction de plusieurs cas réels, pleins de nuances.

Il me faut souligner qu'il ne s'agit pas de faire un dictionnaire multilangue, c'est à dire, de définir des mots, et de mettre chacun des mots en relation avec ceux des

---

(2) Voir L. Villena «Glossario de términos castellológicos medievales en lenguas románicas» Castillos de España, No 71. 1971, qui comprend des langues peu usuelles, telles que le latin medieval, le provençal et le catalan.

autres langues, mais d'établir les concepts plus fondamentaux et de donner a chaque concept, en chaque langue, une liste de mots, l'ordre des mots ne signifiant aucune préférence. Il est clair que d'un pays à l'autre, ou d'une époque a une autre, la signification de certains mots change et par conséquent on ne peut prétendre une exactitude absolue dans l'assignation de mots à un concept determiné, et dans cet ordre d'idées il peut arriver, par exemple, qu'un même mot apparaisse dans deux fiches différentes.

La tâche, sans doute importante, de faire un dictionnaire multilangue exhaustif de l'Architecture Militaire Médiévale, reste réservée a d'autres érudits. Pour le moment, l'unique but que nous poursuivons est d'isoler de l'ensemble harmonique d'une fortification une série de facettes, qui (avec les variations inévitables) se trouvent dans les oeuvres de fortifications médiévales d'une grande partie du monde occidental et qui ont, évidemment, leur parallele dans les oeuvres de fortifications du monde oriental à la même époque.

Les fiches préalables (chiffres romains) se réfèrent aux types généraux d'ouvrages fortifiés et c'est là où l'on peut trouver plus de doutes, spécialement dans les langues de l'Europe Centrale, quand on rattache des mots a chaque concept.

Les autres fiches (chiffres arabes) correspondent aux principaux éléments dont un ouvrage fortifié est composé. Evidemment ils ne pouvaient être mis en ordre alphabétique; l'idée existe avant d'être exprimée par un mot, et il eut été incorrect de donner une priorité à l'une ou l'autre des langues. Nous avons essayé de suivre un ordre logique, naturellement imparfait, en abordant la fortification du dehors vers le dedans.

Les fiches 1 à 13 se rattachent aux éléments généraux et extra-murs.

Les fiches 14 à 24 se rapportent aux accès (avec leurs éléments correspondants).

Les fiches 25 à 37 renferment les éléments basiques (murailles et les éléments s'y rapportant).

Les fiches 38 à 49 se rapportent aux éléments de superstructure.

Les fiches 50 à 57 comprennent les éléments d' aménagement intérieure.

A la fin pour faciliter l'emploi de ce fichier, on a redigé des index alphabétiques, en cinq langues indiquant le numéro de la fiche, où le mot apparaît.

Je dois exprimer, au nom du Comité des Cinq, notre gratitude à tous ceux qui ont aidé à la réalisation de ce fichier et particulièrement au Président du Conseil Scientifique le Professor Gazzola et au Président de l'IBI le Baron van Tuyll. Une gratitude particulière va aussi au Professeur L. Grodecki pour son apport à la version française.

Cette publication est une contribution de l'IBI à l'anné du Patrimoine Architectural européen.

SCHEDARIO MULTILINGUE DI ARCHITETTURA MILITARE MEDIOEVALE

Introduzione di Leonardo Villena

Nell'anno 1967 il Consiglio Scientifico dell' I.B.I. celebrò a Gand, sotto la presidenza del Prof. P. Gazzola, la sua VII riunione sul tema »La terminologia comparata nel campo dei castelli medioevali«. La discussione ebbe come base sia una collezione di disegni presentata congiuntamente dai Sigg. Crespi e Gazzola, che una tavola di concetti o idee con le rispettive parole o termini nelle diverse lingue, che io avevo precedentemente preparato (1).

Dopo approfondita discussione sull'insieme e su ciascuno dei concetti, ci si accordò di ridurre il lavoro a cinque lingue (francese, inglese, italiano, spagnolo e tedesco) corrispondenti alle regioni linguisticamente più vaste o più ricche di fortificazioni medievali, e si nominò un Comitato di Cinque composto dai Sigg. Crespi, Enaud, Meyer, Taylor e da me stesso. Ciascuno di noi doveva redigere, nella propria lingua, la definizione dei concetti menzionati, assegnandovi gli termini corrispondenti, inoltre rivedere l'insieme e verificare l'accordo esatto degli stessi con i disegni destinati ad illustrarli. Il Luigi Crespi, e più avanti il Werner Meyer, si incarcarono, seguendo i suggerimenti di tutti i membri, di correggere e completare i disegni. Il lavoro finale della composizione sono state realizzate da W. Meyer come segretario del Consiglio Scientifico.

Il Comitato dei Cinque ha tenuto due riunioni plenarie ad Atene ed a Parigi, ed altre due a Ginevra ed a Madrid, con la partecipazione di Crespi, Meyer e di me stesso. In più mi sono incontrato tre volte con Crespi in Italia, due volte con Enaud a Parigi, due volte con Meyer a Monaco ed una volta con Taylor in Inghilterra. In queste riunioni il Comitato ha perfezionato gli accordi di Gand ed ha selezionato i concetti o le idee da adottare, così come i disegni ed i termini correlativi, stabilendo inoltre l'ordine logico delle schede corrispondenti.

Abbiamo convenuto di fare una revisione sistematica della terminologia dei castelli e descrivere con brevità, precisione e uniformità, i loro elementi più significativi. Questo, forse, è ciò che distingue un lavoro scientifico dal gergo professionale dei costruttori o di coloro che visitano le opere fortificate. Per altro verso se una lingua è un istrumento per apprendere le cose, quando utilizziamo simul-

---

(1) Vedere: L. Crespi »Une proposition sur la méthode de travail«. L. Villena »Proposal for a multilingual Glossary en Medieval Military Architecture« ed altri contributi alla VII Réunion Scientifique de l'IBI. Bulletin IBI No 25/26 del 1969.

taneamente cinque »istrumenti« arriviamo ad una conoscenza più prossima alla verità, evitando dei dogmatismi. Ciò è tuttavia vero in quanto non potendo tenere una posizione critica sulla propria lingua, certamente noi la teniamo sulle altre lingue che apprendiamo dall'esterno a da adulti. E' questo esercizio multilingue che ci permette di conoscere veramente ed in maniera cosciente la nostra propria lingua. Tutto questo é estato il compito del Comitato dei cinque.

Ogni scheda ha un numero di riferimento e inizia con i disegni che documentano il concetto corrispondente. Sulla pagina di destra si trovano le descrizioni generiche (in ciascuna delle cinque lingue) che, quantunque simili, hanno in caso di bisogno la indicazione dei sinonimi, delle peculiarità o delle varianti esistenti nei paesi dove si parla questa o quella lingua. Nella parte bassa della pagina appaiono le parole che, in ogni lingua, sono le più appropriate a designare l'idea o il concetto in questione. I disegni ed i concetti sono stati ottenuti per astrazione dai veri castelli medioevali, come elementi di una fortificazione complessa ied immaginaria. Si sono rifiutati i termini generali dell'architettura non specifici dei castelli. La selezione delle parole si è limitata ai nomi utilizzati (escludendo le parole veramente obsolescenti o arcaiche) per designare i differenti concetti ottenuti per astrazione nello studio della fortificazione medioevale anteriore all'apparizione del bastione. Occorre tuttavia non dimenticare che alcuni termini della fortificazione medioevale furono utilizzati, con differente significato, nella fortificazione bastionata; ma noi qui li consideriamo con il solo loro significato originale.

Le parole che appaiono in ciascuna scheda hanno tra loro un significato identico o analogo, ciò non ostante non si è cercato di stabilire una correlazione tra una parola di una lingua e quelle esattamente equivalenti delle altre lingue. Da un paese all'altro sempre si possono incontrare differenze, non solamente nella terminologia, ma anche nella elaborazione dei concetti, specialmente quando si confronta il bacino mediterraneo (2) con il Nord Europa. Per questo i disegni sono molto schematici e sovente »freddi« trattandosi di esprimere le caratteristiche più comuni come astrazione dei tanti casi reali pieni di sfumature.

Ritengo necessario sottolineare che non si tratta di fare un dizionario multilingue, cioè di definire delle parole e di rilacionare cadauna con quelle delle altre lingue, soltanto de stabilire i concetti piu fondamentali in questo tipo di opere fortificate e di dare una lista di parole corrispondenti a ciascun concetto, l'ordine di apparizione delle stesse non significando alcuna prelazione. Rimane chiaro che da un

---

(2) Vedere: L. Villena. Glosario de terminos castellologicos medievales en lenguas románicas (Castillo de España No 71.—1971) che include lingue poco conosciute come il latino medievale, il provenzale ed il catalano.

paese all'altro e da una epoca all'altra, il significato di alcune parole cambia e, per conseguenza, l'impossibilita di essere esatti nella assegnazione delle parole ad un determinato concetto, puo accadere, per esempio, che una stessa parola appaia in due schede differenti.

Il compito, senza dubbio assai importante, di compilare un Dizionario multilingue di Architettura Militare Medioevale rimane riservato ad altri studiosi. Per il momento l'unica meta perseguita è di isolare, dall'insieme armonico di una fortificazione, una serie di elementi, che (con le loro inevitabili variazioni) si trovano nelle opere fortificate medioevali di una grande parte del mondo occidentale e che hanno evidentemente, il loro parallelo nelle opere fortificate del mondo orientale della medesima epoca.

Le schede preliminari (numeri romani) si riferiscono ai tipi generali di opere fortificate, ed è lì, dove possono sorgere più incertezze e dubbi, specialmente nelle lingue dell'Europa centrale, nell'assegnare le parole ai concetti.

Le altre schede (numeri arabi) corrispondono ai principali elementi dei quali è formata una opera fortificata. Evidentemente essi non possono essere ordinati alfabeticamente perchè una idea esiste già prima di essere espressa con una parola, e così pure è imposibile, per ragioni di correttezza, dare la priorità ad una delle cinque lingue. Per tutto ciò si è cercato di seguire un ordine logico, che naturalmente non può essere perfetto.

Le schede da 1 a 13 si riferiscono a elementi generali o extra mura.

Le schede da 14 a 24 trattano degli accessi (con i loro elementi corrispondenti).

Le schede da 25 a 37 si riferiscono agli elementi di base (mura o relativi componenti).

Le schede da 38 a 49 corrispondono agli elementi di soprastrutture.

Le schede da 50 a 57 corrispondono alle parti interne.

Per facilitare l'impiego dello schedario, alla fine dello stesso e per ognuna delle cinque lingue, si è redatto un indice alfabetico, indicante il numero della scheda nella quale trovasi ciascuna parola.

Desidero esprimere, a nome del Comitato dei Cinque, la nostra gratitudine a tutti coloro che hanno aiutato la realizzazione di questo schedario e in particolare al Presidente del Consiglio Scientifico prof. Gazzola ed al Presidente dell'I.B.I. Baron van Tuyll.

Un ringraziamento particolare va al professor L. Grodecki per il suo apporto alla versione francese. Questa publicazione è un contributo dell'IBI all'anno del patrimonio architettonico europeo.

I

Befestigung

fortification

fortificación

fortification

fortificazione

Bauwerk zur militärischen Verteidigung

Any military defensive work

Obra militar de defensa

Ouvrage, ou ouvrages, de défense militaire

Opera militare di difesa

II

Festung

fortress

fortaleza — alcazaba

forteresse

fortezza — forte

Wehrbau oder befestigte Siedlung, die eine Truppe aufnehmen kann, um von hier aus ein Gebiet auf Grund strategischer Planung zu verteidigen. Bezeichnung in Deutschland für Anlagen des 16.—19. Jahrhunderts gebräuchlich.

A fortified position to house a garrison and to provide for the defence of the surrounding territory.

Vasta y potente construcción o recinto fortificado destinado a recibir una guarnición y a defender un lugar determinado y sus contornos. A veces domina una villa murada a semejanza de la acrópolis. (En España, cuando la construccion es de origen árabe e incluye dentro de su gran recinto exterior un pequeño barrio militar, con viviendas y servicios, se denomina alcazaba.)

Ouvrage ou lieu fortifié destiné à recevoir une garnison et à défendre une certaine étendue de pays dans un but stratégique.

Costruzione permanente fortificata di notevoli dimensioni, sempre destinata a ricevere una guarnigione, normalmente munita di cinta e di opere aderenti ed avanzate.

III

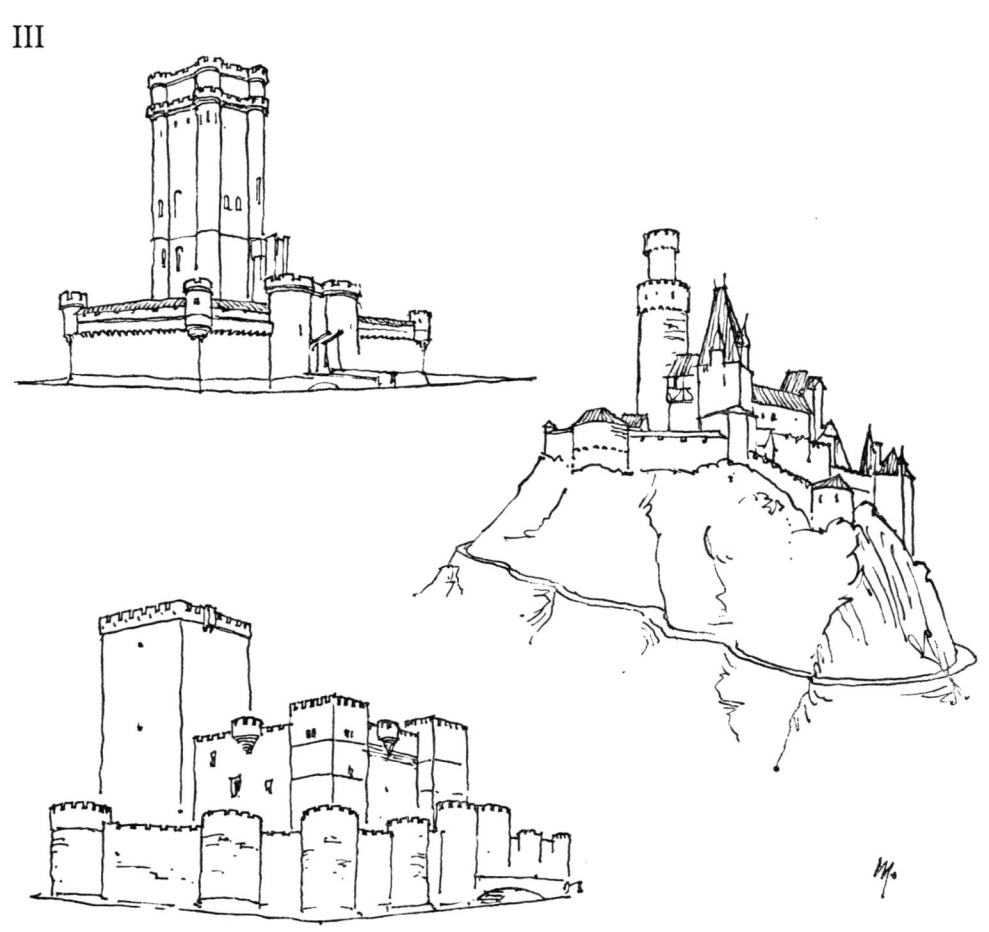

Burg — Veste

castle

castillo — castro — roca

château fort

castello — rocca

Von Gräben und Mauern umgebener, geschützter mittelalterlicher Wehrbau. Wohnsitz eines Territorialherren oder seines Lehensträgers, Gerichts- und Verwaltungsort, in Notzeiten Zuflucht der Landbevölkerung.

A building or group of buildings, fortified and enclosed by walls, ditches, etc. The fortified residence of a feudal lord. Often situated on an eminence or in a strategic position; might serve in time of war as a place of refuge for the local inhabitants.

Edificación fuerte, cercada de murallas, fosos, etc., inicialmente de uso exclusivamente militar, aunque luego adquirió otros fines, como el de servir de residencia y protección para el alcaide o el señor. Situada en posición estratégica, fuese aislada o junto a un núcleo urbano, aseguraba la resistencia y podía servir de refugio, ante la presencia del enemigo, a los habitantes cercanos.

Forteresse médiévale ayant pour but d'assurer la protection de l'habitation du seigneur. Placée en une position stratégique, elle peut aussi servir de refuge à la population voisine.

Costruzione permanente fortificata (mura, fossato torri, ecc.) quasi sempre isolata, inizialmente sorta ad esclusivo uso militare indi anche come abitazione e sicuro rifugio del signore. Se la costruzione è eretta in luogo molto elevato si chiama Rocca.

Burgschloß

fortified manor house

castillo palacial — palacio fortificado

château

maniero

Abgeschlossener, meist von einem Graben umgebener Herrschaftssitz gegen Ende des Mittelalters mit überwiegendem Repräsentationscharakter gegenüber geringerer Wehrhaftigkeit.

Fortified dwelling, protected by moat or enclosing walls, in which the residential element predominates over the defensive.

Residencia campestre de una familia señorial, provista de defensas pero en la que predominan los aspectos artísticos y residenciales.

Habitation seigneuriale de la fin du moyen-âge, où le caractère de résidence l'emporte sur le rôle défensif.

Edificio fortificato privo di torri, ad uso abitazione signorile di campagna. In particolare la residenza del feudatario minore.

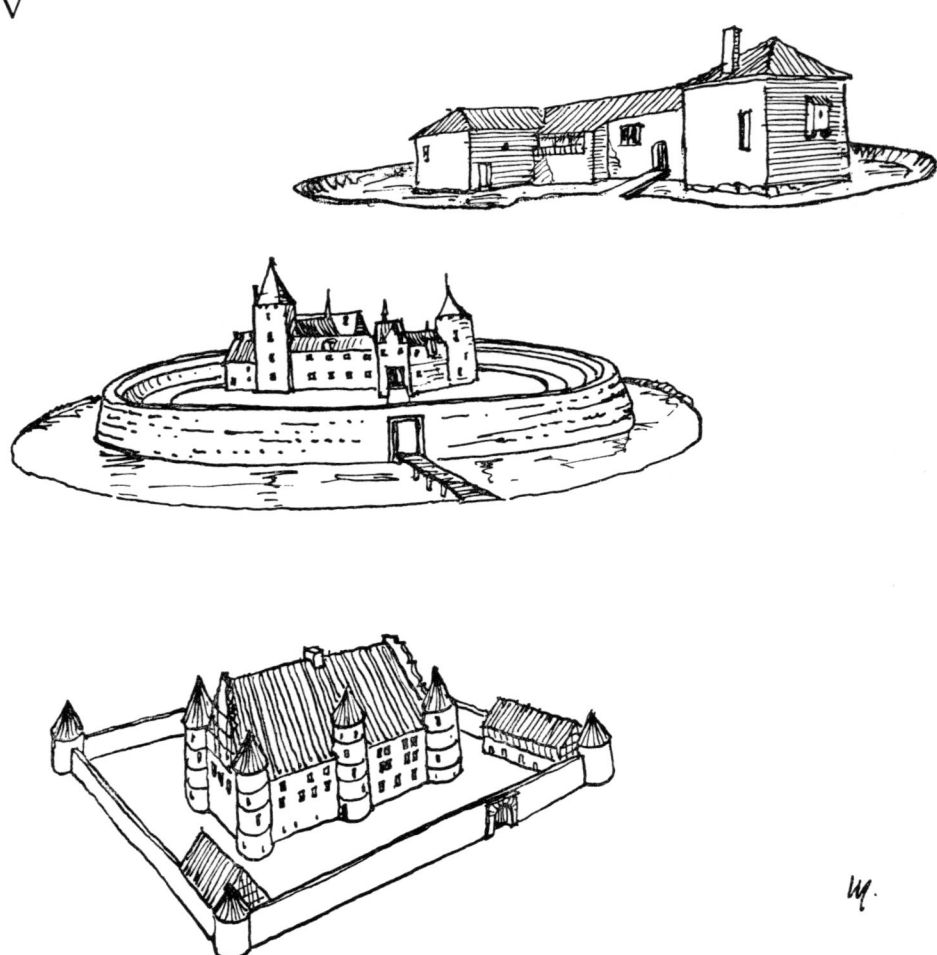

festes Haus — Edelsitz — Herrenhaus

fortified house

casa fuerte — casona — pazo

manoir — maison forte — gentilhommière

casa-forte

Behausung eines Lehensträgers oder eines Ministerialen, der keine Hoheitsrechte hatte und seinen Wohnsitz nicht mit einem Bergfried befestigen durfte. Wehrhafter, oft mit einem Wassergraben umschlossener Landsitz.

House of the lord of a manor; residential centre of estate or feudal holding, provided with some defensive features.

Casa rural dotada de algunos elementos defensivos, como almenas, saeteras y, a veces, torres no saledizas. (En el Noroeste de España se las llama pazo.)

Maison rurale d'un noble ou d'un seigneur, sommairement fortifiée, souvent ceinte de murs et de douves.

Casa di abitazione fortificata — generalmente posta in zona extra urbana.

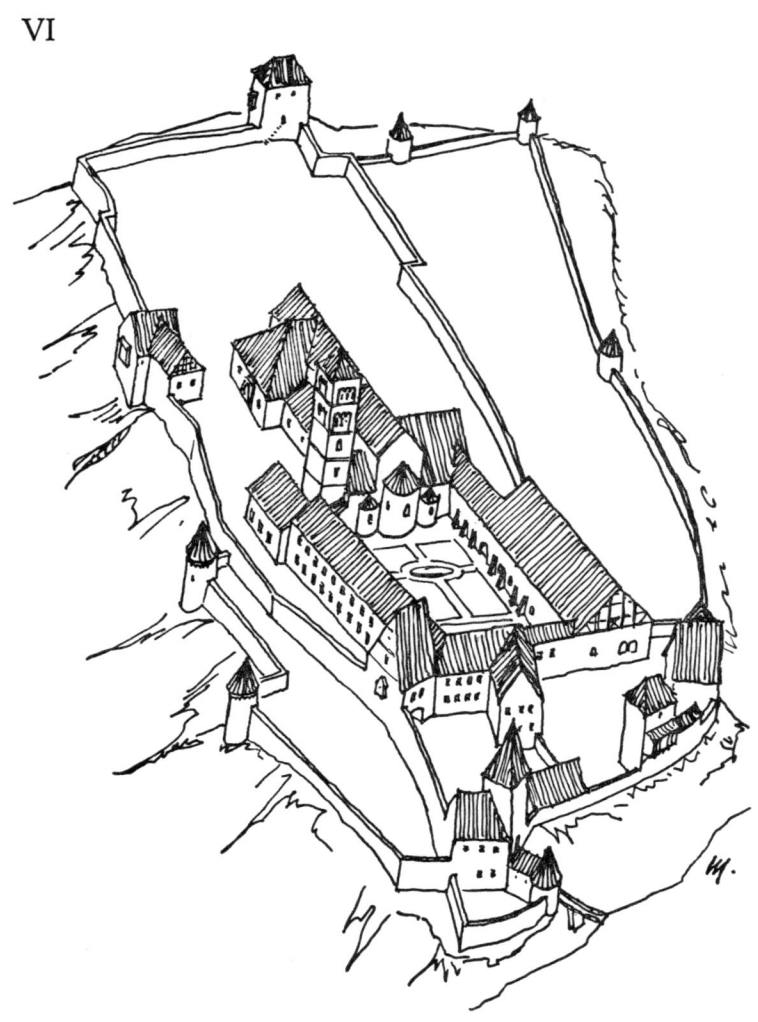

VI

Klosterburg

fortified monastery

monasterio fortificado — castillo-convento

abbaye fortifiée

monastero fortificato — abbazia fortificata

Mit Wehrbauten umgebenes Kloster, oft in den Bereich einer älteren, aufgelassenen Burg eingefügt.

Monastery provided with defensive features, such as curtain walls, ditches and fortified gateways.

Monasterio o convento, generalmente incluyendo espacios abiertos y rodeado de una muralla con torres, fosos, puertas fortificadas y demás elementos defensivos.

Abbaye ou établissement monastique dont les bâtiments sont protégés par des organes défensifs.

Edificio monastico munito di opere difensive, in genere: mura, fossato, ingresso fortificato. L'ordine religioso di appartenenza lo qualifica.

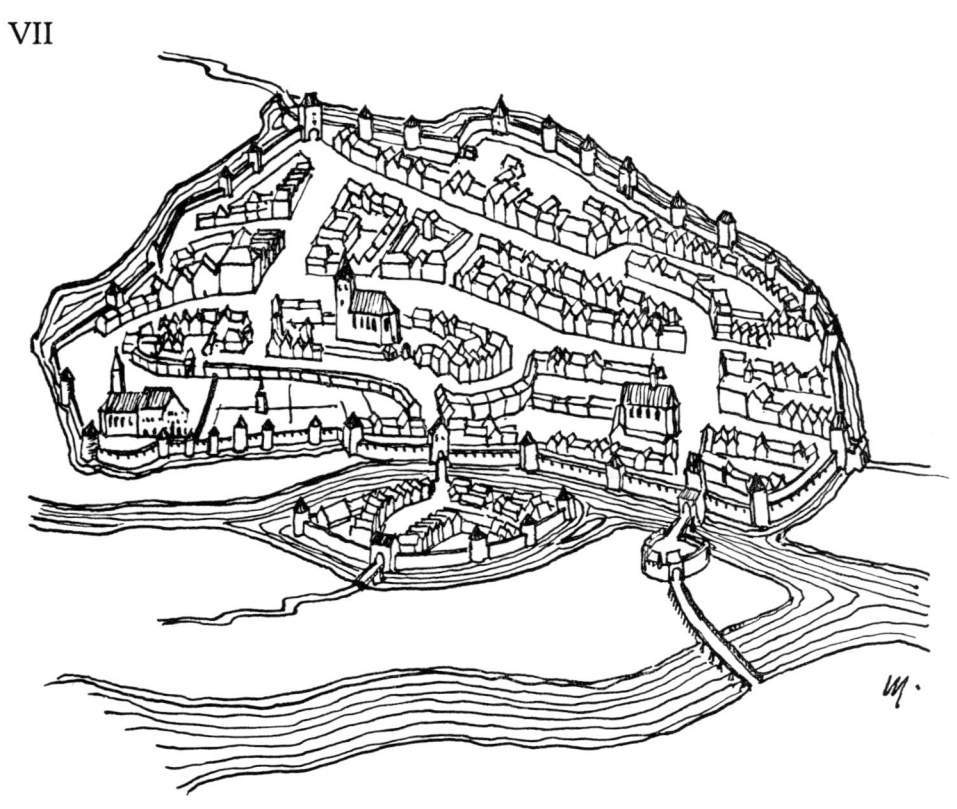

Stadt

walled town

villa fortificada — villa murada

ville fortifiée — bastide

borgo forte — città fortificata — città murata

Mit einer Mauer und Wehrbauten umschlossene Bürgersiedlung. Voraussetzung
für die Ummauerung war die Stadterhebung eines Dorfes oder eines Marktes
durch den Landesherren. Vorstädte wurden oft später ummauert, zuweilen bildeten Rückwände der Häuser hier den Bering. Die Umzäunung eines Dorfes hieß
Etter.

Town protected by defensive works.

Núcleo urbano dotado de obras de defensa militar.

Ville ou agglomération munie d'ouvrages défensifs; dans le midi de France:
bastide.

Città o borgo muniti di opere militari di difesa costituite in genere da: mura,
torri, fossato, porte, ecc.

VIII

befestigte Brücke

fortified bridge

puente fortificado

pont fortifié

ponte fortificato

44

Durch Wehrbauten geschützte Brücke über einen Fluß, am Zugang zu einer Stadt oder Burg. Meist mit drei Türmen besetzt, der vordere Turm als Brückenkopf oft mit einem Vorwerk.

Bridge over a river, usually in front of the gate of a walled town and provided with a defensive tower and gateway at one or both ends and/or in the centre.

Construcción que permite salvar un rio, vado, etc. normalmente frente a la puerta de una villa fortificada, y que está provista de una o más torres y otros elementos de defensa.

Construction lancée au dessus d'un cours d'eau ou d'une dépression de terrain, pour permettre le passage, et conçue pour en interdire eventuellement l'accès à l'ennemi.

Ponte generalmente munito di una o più torri od altri elementi di difesa.

Palast — Pfalz — befestigte Residenz

lord's residence

palacio fortificado — alcázar

palais fortifié — hotel fortifié

palazzo fortificato — palazzo

IX a

Palast — Pfalz — befestigte Residenz

lord's residence

palacio fortificado — alcázar

palais fortifié — palatinat

palazzo — palazzo fortificato — castello

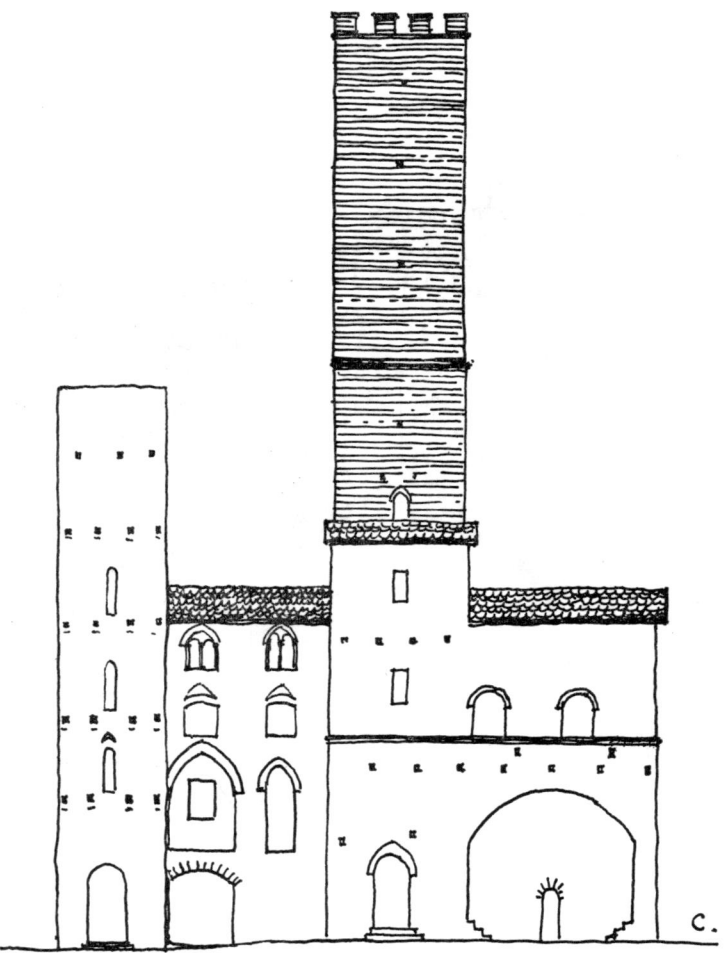

Patrizierturm — Adelsturm

fortified house

palacio fortificado — alcázar

maison seigneuriale

casa torre

Seit dem 11. Jahrhundert in Deutschland befestigter Aufenthaltsort des Königs, im Hochmittelalter aufwendig gestaltete Burg. In der Stadt Adelssitz mit Wehrbauelementen wie Türmen, Erkern und Zinnen ausgestattet. Türme dienten hier mehr der Repräsentation und als Speicher.

Large and splendid residence of a king, bishop or magnate, often having defensive features.

Edificación urbana más o menos suntuosa, destinada al alojamiento real o de familias nobles y provista de algunos elementos defensivos, especialmente torres y almenas. (En España si fue residencia real o de una gran familia señorial, a veces con decoración hispano-árabiga, se denomina alcázar.)

Résidence urbaine de caractère seigneurial, munie d'organes défensifs.

Edificio signorile (pubblico o privato) posto in zona urbana e fortificato in genere con torri e merli.

Wehrkirche — Kirchenburg — befestigter Friedhof

fortified church

iglesia fortificada — catedral fortificada — cementerio fortificado

église fortifiée — cimetière fortifié

chiesa fortificata

X a

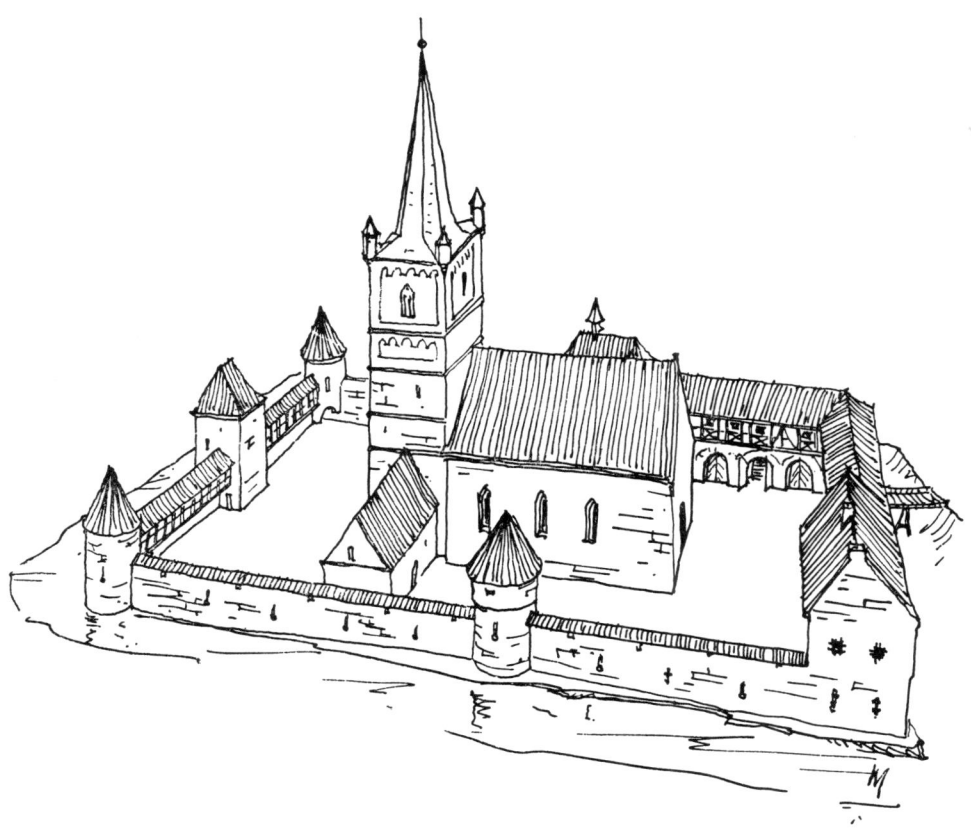

Kirchenburg — befestigter Friedhof

fortified church

cementerio fortificado — recinto fortificado

cimetière fortifié

chiesa con recinto fortificato

Insgesamt oder in Teilen als Wehrbau gestalteter Kirchenbau. — Mit einer Mauer und Türmen bewehrter Friedhof einer Dorfgemeinde mit Schutzräumen (Gaden) zur Verwahrung von Vieh und Habe im Kriegsfall.

Church provided with one or more features normally associated more with military than ecclesiastical architecture, e. g. looped battlements.

Edificación destinada al culto y provista de elementos defensivos, normalmente almenas, matacanes y ladroneras. En algunos países existen iglesias rurales con un recinto fortificado que incluye el cementerio y puede servir como refugio a los feligreses.

Eglise munie d'organes défensifs, quelque fois avec une enceinte servant de cimetière ou refuge à la population d'une paroisse.

Edificio destinato al culto munito di elementi difensivi, normalmente merli, bertesche, caditoie.

DEUTSCHE BURG

(Marksburg ob Braubach a. Rh.)

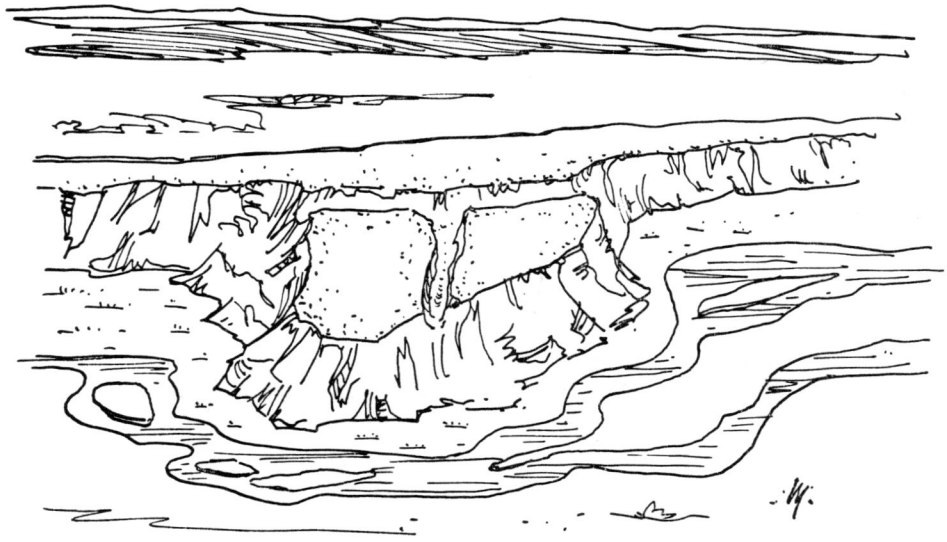

1

Standort — Burgplatz — Lage

site

asiento — emplazamiento — sitio

assiette — site — emplacement

sito

Sicherer Platz der zum Bau einer Burg ausersehen ist. Vorzüge des Geländes, politische und strategische Gesichtspunkte bestimmen die Wahl. Das dem Burgplatz angrenzende Vorfeld ist durch kleinere Hindernisse in die Verteidigung einbezogen und von Sichtbehinderungen befreit.

Position chosen for building a fortress. The choice is determined by strategic advantages of the ground, whether in hilly or flat country, i. e. by chance geographical features which are an aid to defence, a river for example, or a marsh or a summit or a spur.

Lugar elegio para la construcción de una fortaleza o castillo, debido a sus condiciones topográficas y a ventajas estratégicas.

Position adoptée pour élever une forteresse, en raison des avantages stratégiques et topographiques du terrain.

Luogo che per la sua ubicazione topografica e importanza militare giustifica la costruzione di una opera fortificata.

2

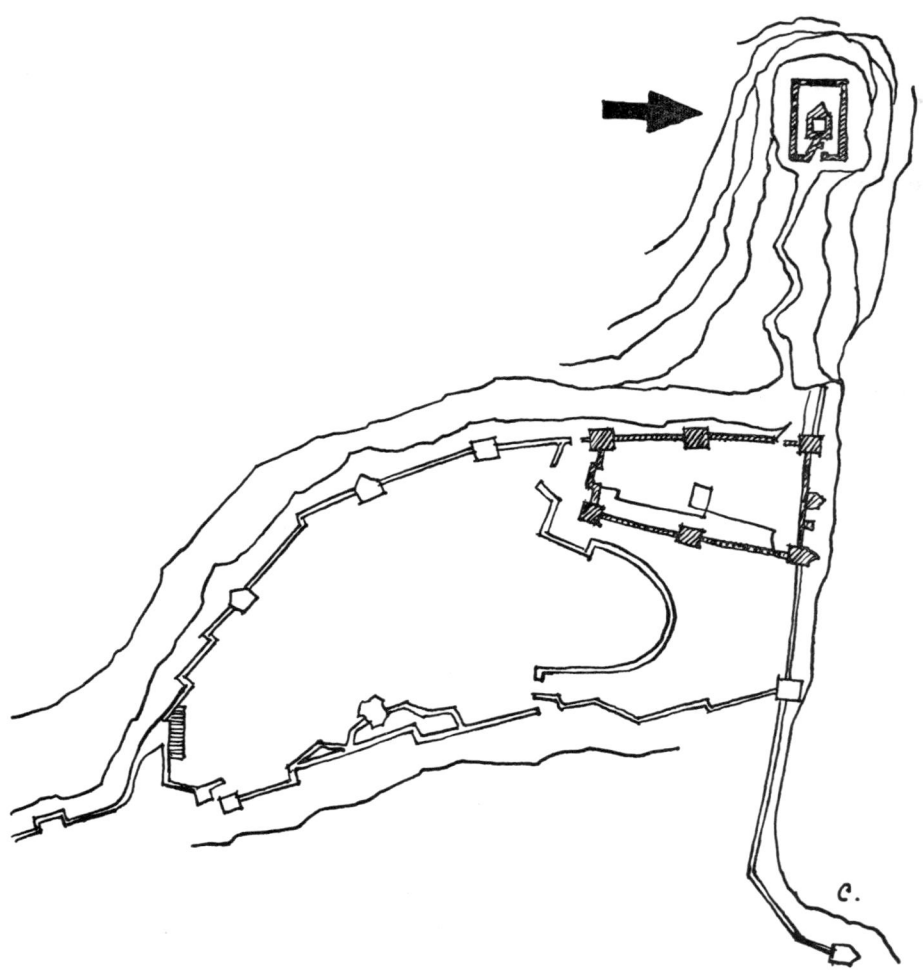

Warte — Außenwerk

fore-work

obra exterior — obra avanzada — coracha

ouvrage avancé — bastille

bastia — bastida — battifolle

Isolierter Turm oder Befestigung als Vorposten der Burg, freistehend oder mit dieser durch eine Mauer oder einen Gang verbunden.

A detached work in front of or alongside a fortification, very often to protect the line of approach or to cover some weak point in the defences.

Obra de defensa (torre, torre con reciento, etc.) destacada a cierta distancia de una fortificación, para proteger sus accessos o puntos vulnerables y ocupar un terreno peligroso en caso de asalto. (En España la muralla que une una torre avanzada con el recinto principal se llama coracha; ejemplo en la parte inferior derecha del dibujo.)

Ouvrage de défense, détaché en avant d'une fortification pour protéger les approches. Il peut être relié á la fortification principale par un mur ou un chemin couvert.

Piccola opera di difesa avanzata, sempre posta fuori le mura di una fortificazione, con caratteristiche provvisorie o semipermanenti, construita generalmente in legno, ma anche in terra battuta o pietra. Se la bastia è maggiormente sviluppata in altezza e posta a guardia di un passaggio o di un punto vulnerabile si chiama battifolle.

3

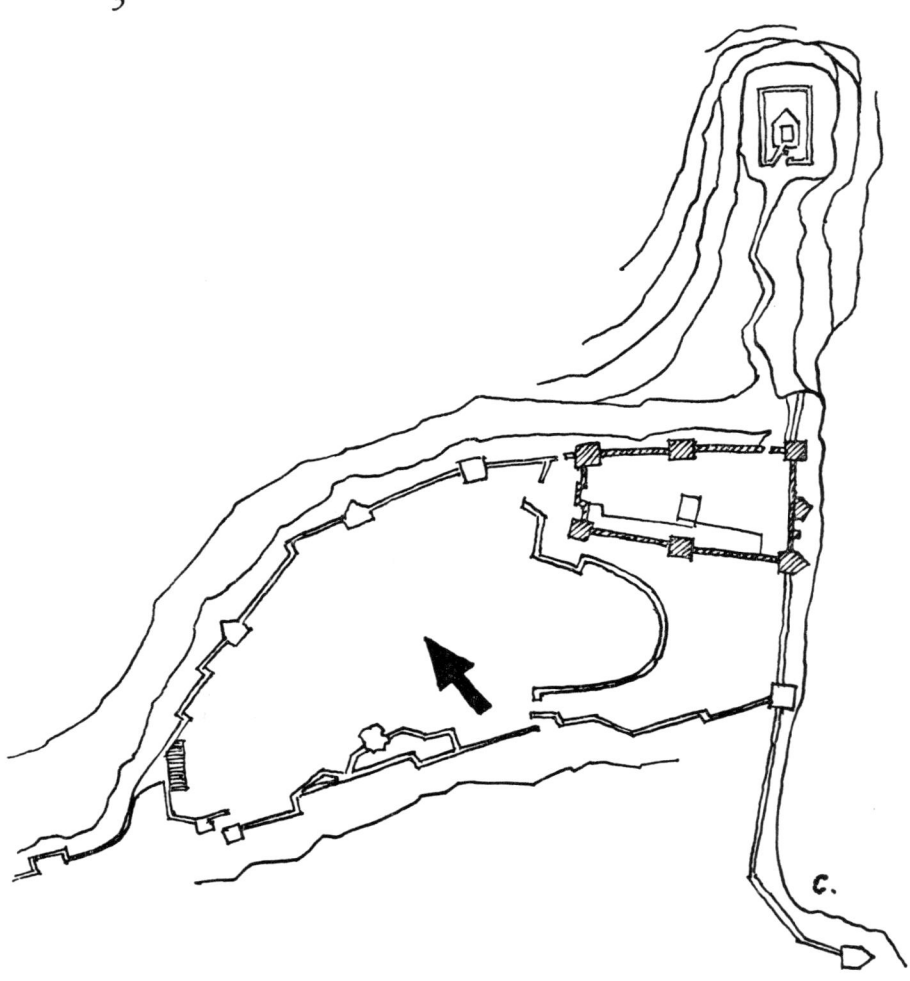

Vorburg — Niederburg — äußerer Burghof

lower ward — base court — outer baily

albácar — recinto bajo — patio de armas

basse-cour — avant-cour — baille

bassa corte — piazza d'armi

Areal hinter der äußeren Wehrlinie vor der Kernburg, meist tiefer als der innere Burghof gelegen. Auf der Vorburg stehen Wirtschaftsgebäude und Ställe, oft befindet sich dort die Pferdeschwemme. Im Kriegsfall dient die Vorburg auch zur Aufnahme der Landbevölkerung und der Herden.

Enclosed space within the outermost defences of the castle proper. It is often situated below the latter, hence its name. In castles in the country it could be used to give shelter in time of war to flocks and horses and their provender, as well as to the local peasantry.

Recinto exterior, a veces de grandes proporciones, que precede y suele estar a nivel inferior al recinto principal, estando unido a él por una puerta fortificada. Podía alojar las caballerizas, las residencias de la tropa o del sevicio etc. En caso de guerra, serviá para refugio de los habitantes de los alrededores, con sus enseres y ganados. Se solía utilizar como patio de armas, aunque, a veces, éste existía independientemente.

Espace enclos dans l'enceinte extérieure, fréquemment à un niveau inférieur à celui du château; il abrite les dépendances et les écuries, peut servir de place d'armes, et en temps de guerre, de refuge à la population avoisinante et aux troupeaux.

Recinto fortificato, alle volte anche di notevole estensione, unito da una porta fortificata al recinto principale del castello che lo domina. Nel suo interno, variamente ubicati, gli alloggiamenti, le scuderie, i magazzini, ecc. Poteva essere usato come piazza d'armi, ma sopratutto in caso di pericolo a rifugio della popolazione delle terre circostanti. Quando tale recinto si identifica con il più ampio cortile del castello o della fortezza, comprendente solo edifici militari, si chiama piazza d'armi.

4

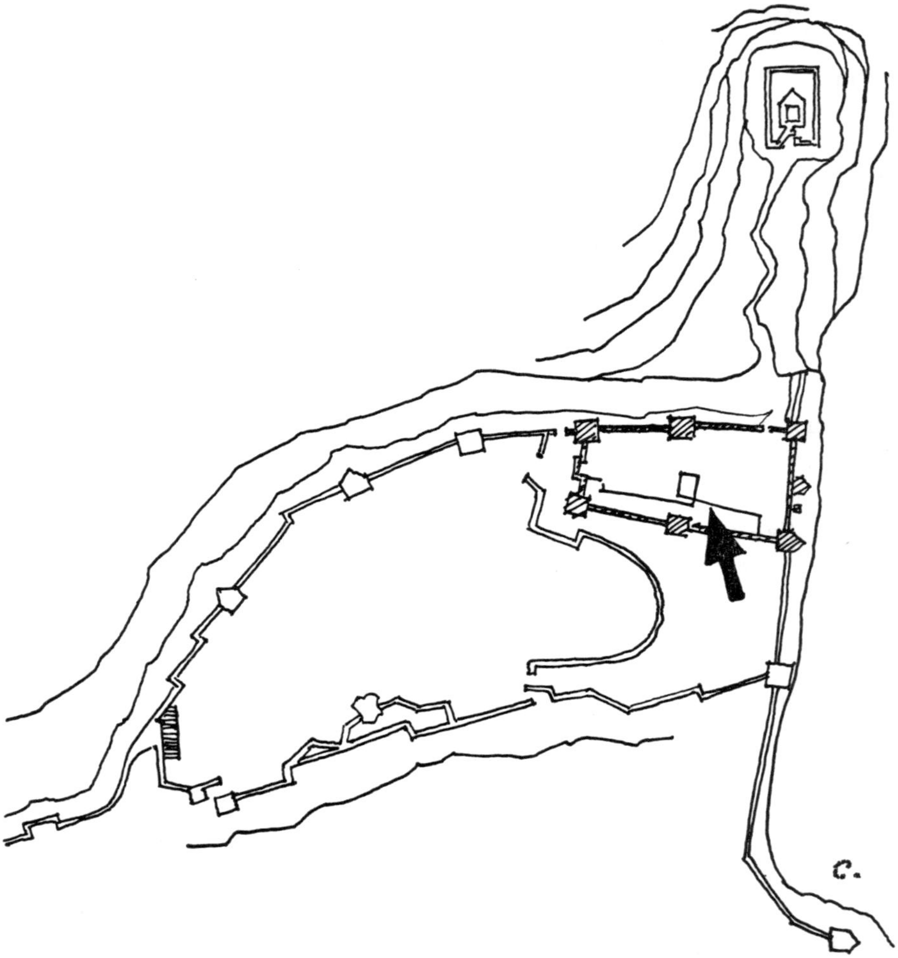

C.

Hauptburg — Hochburg — Kernburg

ward

patio principal

coeur du château-fort

cortile

60

Innerer Bereich der Burg mit den herrschaftlichen Wohnbauten und (in Deutschland) dem Bergfried als letzter Zuflucht. Von einer Ringmauer umschlossen, Zugang durch das innere Tor.

Open area containing the main buildings and around which the castle develops.

Parte interna de un castillo. Espacio despejado en el interior del castillo, rodeado por los edificios principales. A veces se adorna con columnatas y galerías suntuarias.

Coeur du château-fort. Partie interne du château-fort avec les bâtiments principaux dans une enceinte.

Spazio scoperto e chiuso, all'interno del castello. L'ingresso a detto spazio è quasi sempre custodito da difficili passaggi.

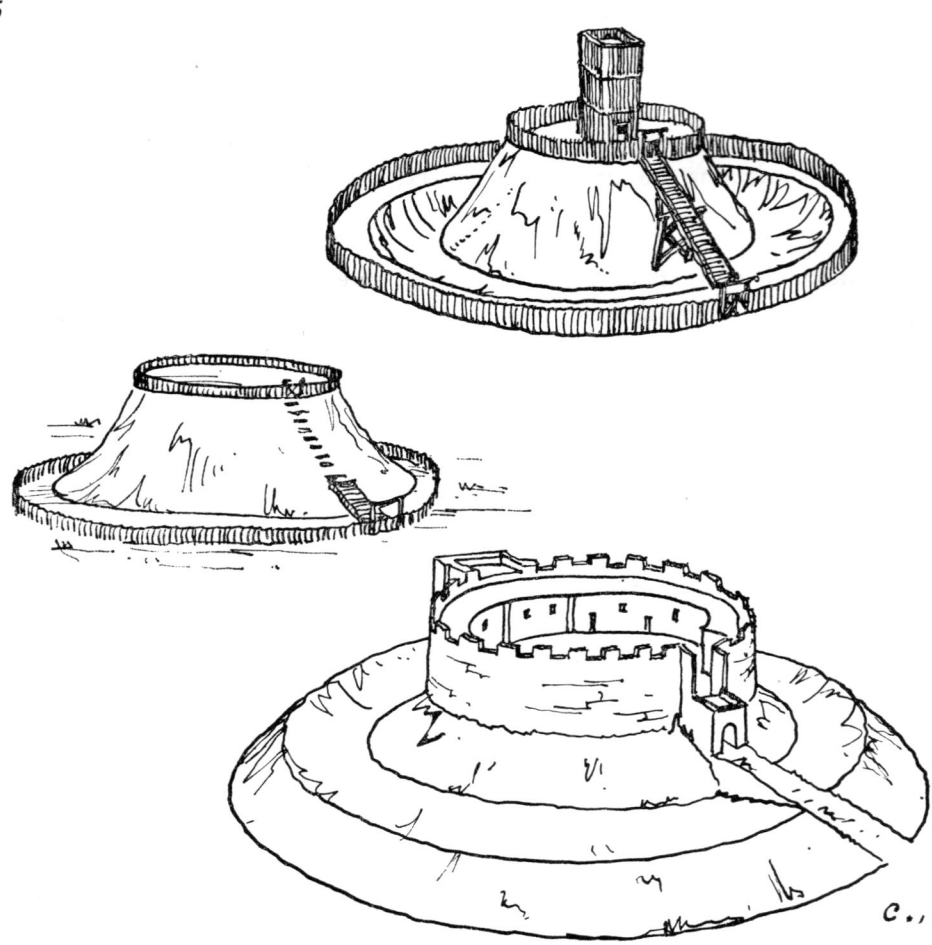

Motte — Erdkegelburg — Spitzkegel — Spitzwall

motte

mota — muela — mola

motte

motta

Erdhügel, gelegentlich natürlich, meist künstlich aufgeschüttet, um als Standort einer kleinen Burg oder eines Wohnturmes in einem Palisaden- oder Mauerring zu dienen. Auch unbebaut als Spähhügel angelegt. Typ in Deutschland 8. bis 10. Jahrhundert.

A hillock or mound occasonally natural but generally man-made.

Montículo aislado, generalmente artificial y troncocónico, sobre el que se erige normalmente una torre o castillo. (En España cuando el montículo es natural se le llama muela o mola.)

Butte ou éminence, parfois naturelle, le plus souvent artificielle, de forme tronconique. Elle est entourée d'un fossé et peut servir de soubassement à une construction fortifiée. (Le mont latin «dunio», dans les anciens textes du XIe et XIIe siècles commence par désigner la motte qui supporte le donjon.)

Monticello isolato, quasi sempre artificiale, a forma tronco conica sopra il quale normalmente viene eretta una opera fortificata. La base può essere difesa da fossato, palizzata, ecc.

6

Erdwall

earthwork

terraplén — espaldón

levée de terre

terrapieno — terraggio — terraglio

Erdaufschüttung aus einem davor gezogenen Graben. Die früheste (vorgeschicht-liche) Wehranlage behielt ihren Wert im Zusammenwirken mit anderen Werken eines Berings auch im Mittelalter. Bei den Festungsbauten des 16.—19. Jahrhun-derts wurde der Erdwall wieder ein wesentliches Glied der Kriegsbaukunst.

A bank of varying height thrown up to provide a line of defence and sometimes provided with a palisade.

Muro o macizo de tierra, generalmente de poca altura, destinado a formar una línea de defensa por sí solo o con ayuda de una empalizada.

Défense faite d'un remblais de terre taluté, placée derrière un fossé.

Rialzo artificiale di terra destinato a formare una prima linea di difesa esterna-mente protetto da una muratura di mattoni o di pietra oppure da una palizzata.

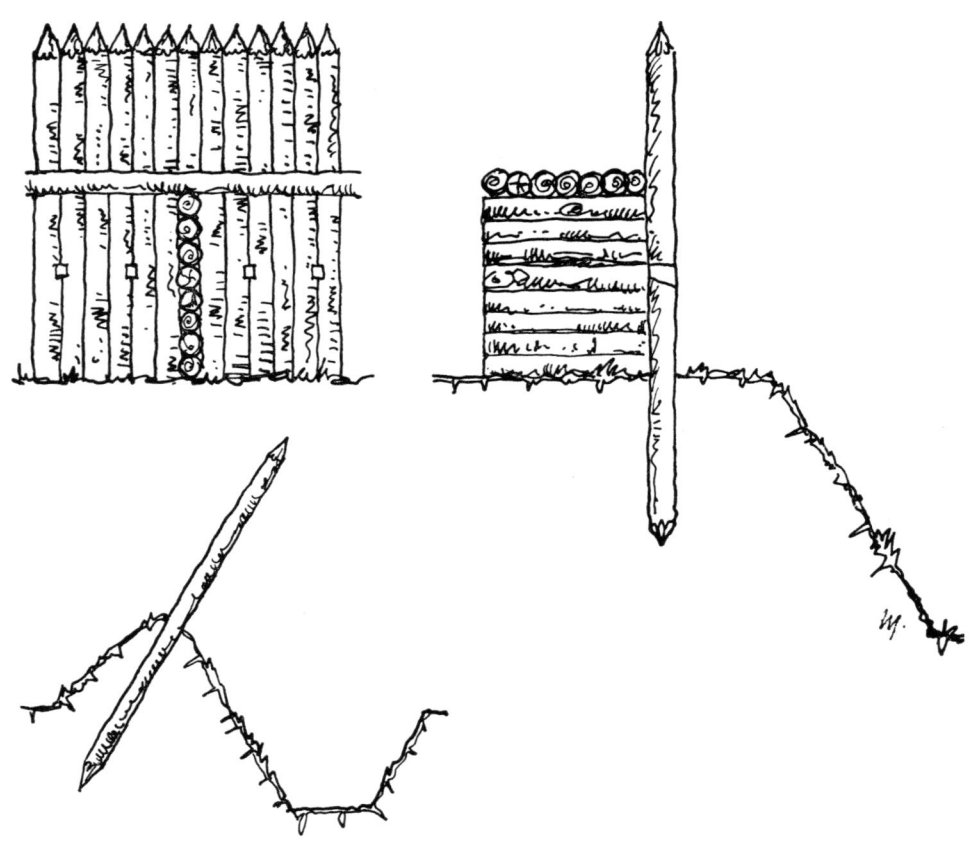

7

Palisade

palisade

empalizada — estacada — valla

palissade

palizzata

Schutzwand aus nebeneinander in den Boden gerammten, fest verbundenen und zugespitzten Pfählen als äußerer Schutzring einer Befestigung, meist auf der Wallkrone.

Protection formed by heavy upright timbers fixed in the ground and joined together for the outer defence of a fortified site.

Defensa exterior construída a base de estacas hincadas en tierra, talladas en punta y ligadas entre sí para mayor resistencia.

Défense extérieure faite d'un assemblage de pieux jointifs fichés en terre, et taillés en pointe au sommet.

Opera di difesa esterna eseguita con semplice o plurima fila di pali di legno infissi nel terreno ed appuntiti verso l'alto legati tra loro in modo da costituire una vera e propria cinta resistente.

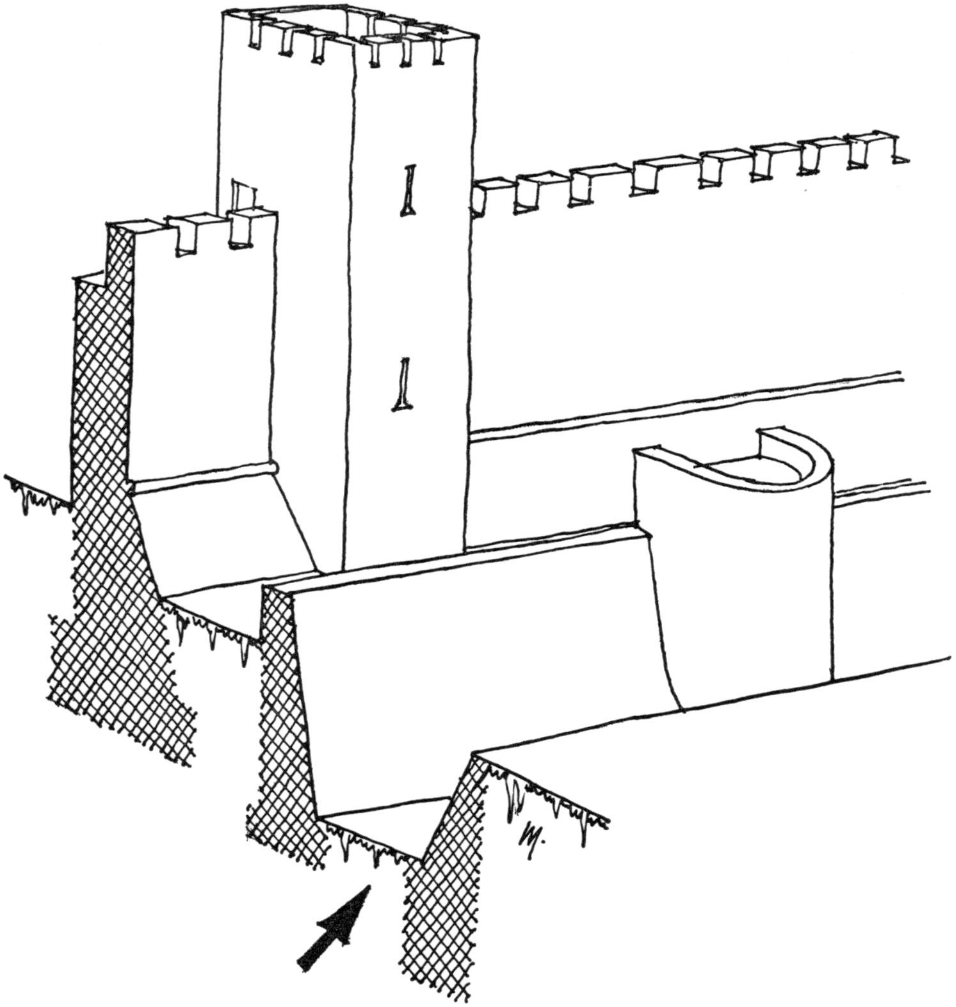

Graben

ditch — moat

foso — cava — cárcava

fossé — douve

fossato

8 a

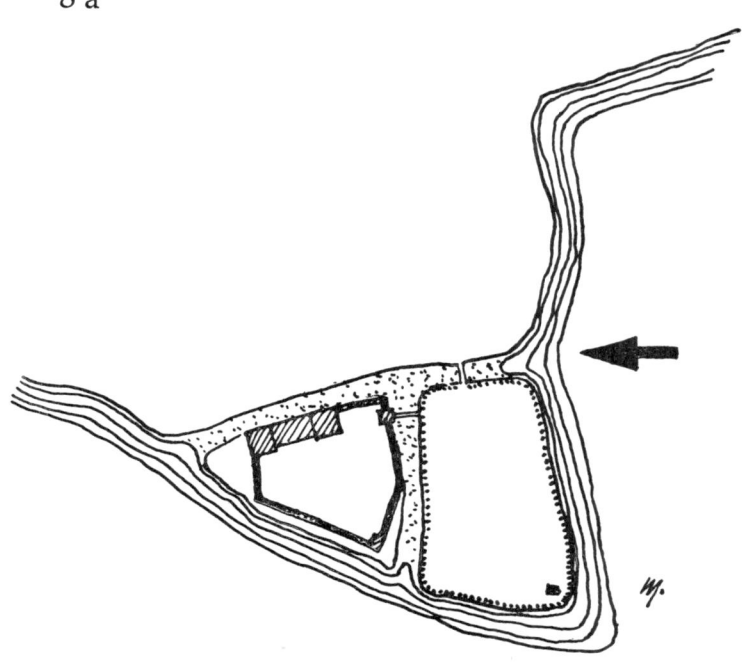

Graben — Halsgraben

ditch

foso

fossé — gorge

fossato

8 b

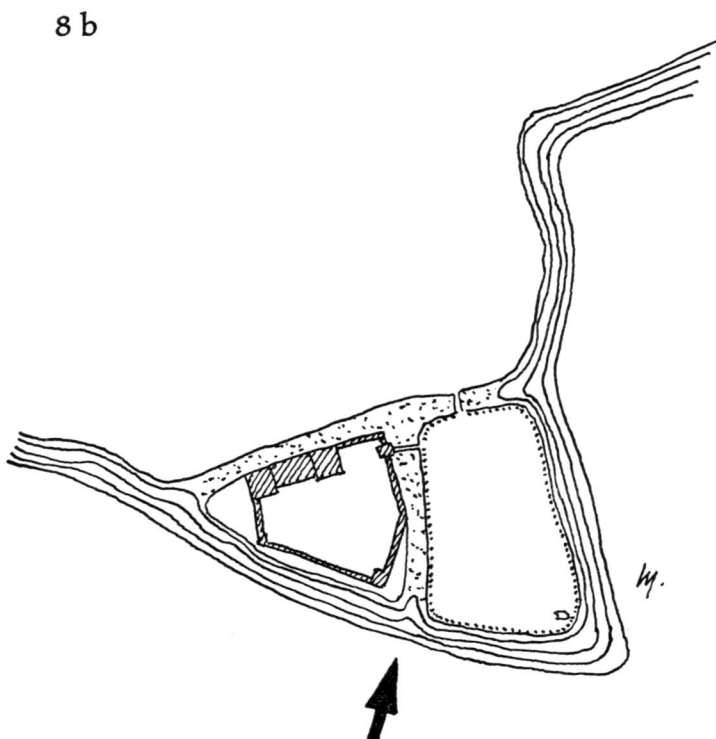

Graben — Abschnittsgraben

ditch

foso

fossé — coupure

fossato

8 c

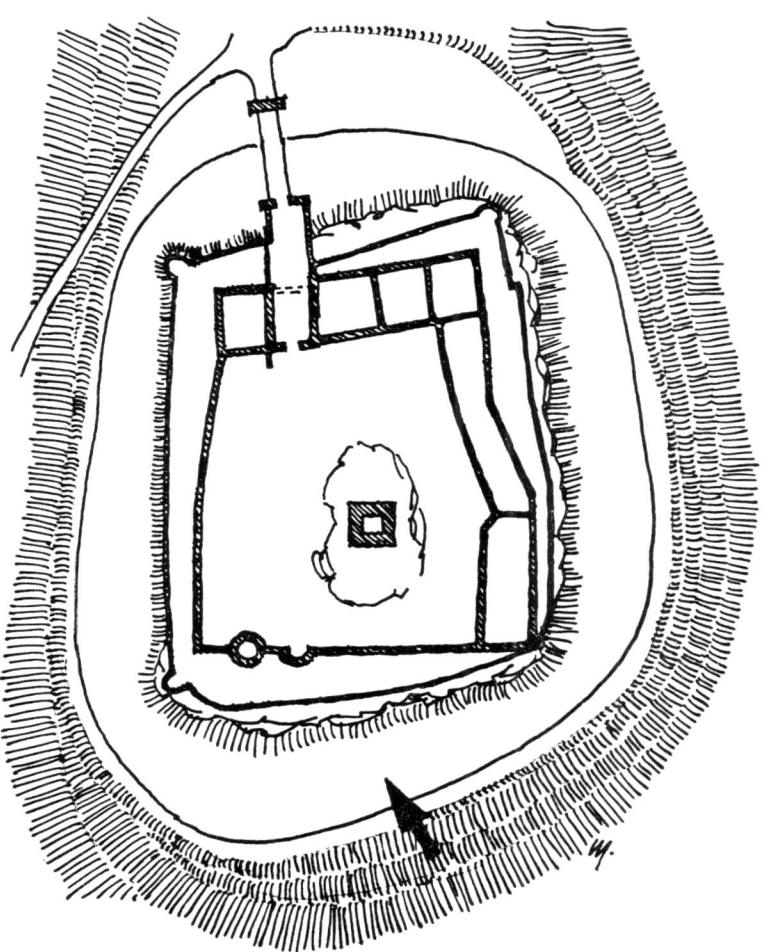

Graben — Ringgraben

ditch

foso

fossé circulaire

fossato

Erdaushub oder Aussprengung vor Wällen, Mauern und Türmen eines Wehr-baus als Hindernis für den Angreifer. Meist trocken in U- oder V-Form, gele-gentlich auch Wassergraben. Der Halsgraben trennt die Burg vom Vorgelände, der Abschnittsgraben teilt den Burgplatz in Verteidigungsabschnitte, der Ring-graben umschließt die ganze Burg.

A trench excavated in front of the earthwork or wall of a fortification to increase the difficulties to be overcome by an assailant. Sometimes water-filled if the site is suitable, in which case the term »wet moat« is sometimes used.

Excavación, zanja o vacía profundos que rodean una fortificación o villa, a fin de dificultar los ataques por zapa o mina, el aproche a los muros y el acceso a las puertas. Otras veces divide en dos una fortificación. Puede ser seco o con agua.

Excavation défensive à l'extérieur d'une fortification ou separant deux elements de celle-ci. Peut être à sec ou remplie d'eau (en ce cas douve).

Fosso scavato attorno ad una opera fortificata allo scopo di aumentarne la difesa e rendere più difficile l'attacco alle mura e l'accesso alle porte. Può essere con acqua o asciutto.

ENGLISH CASTLE

(Conway Castle, North Wales)

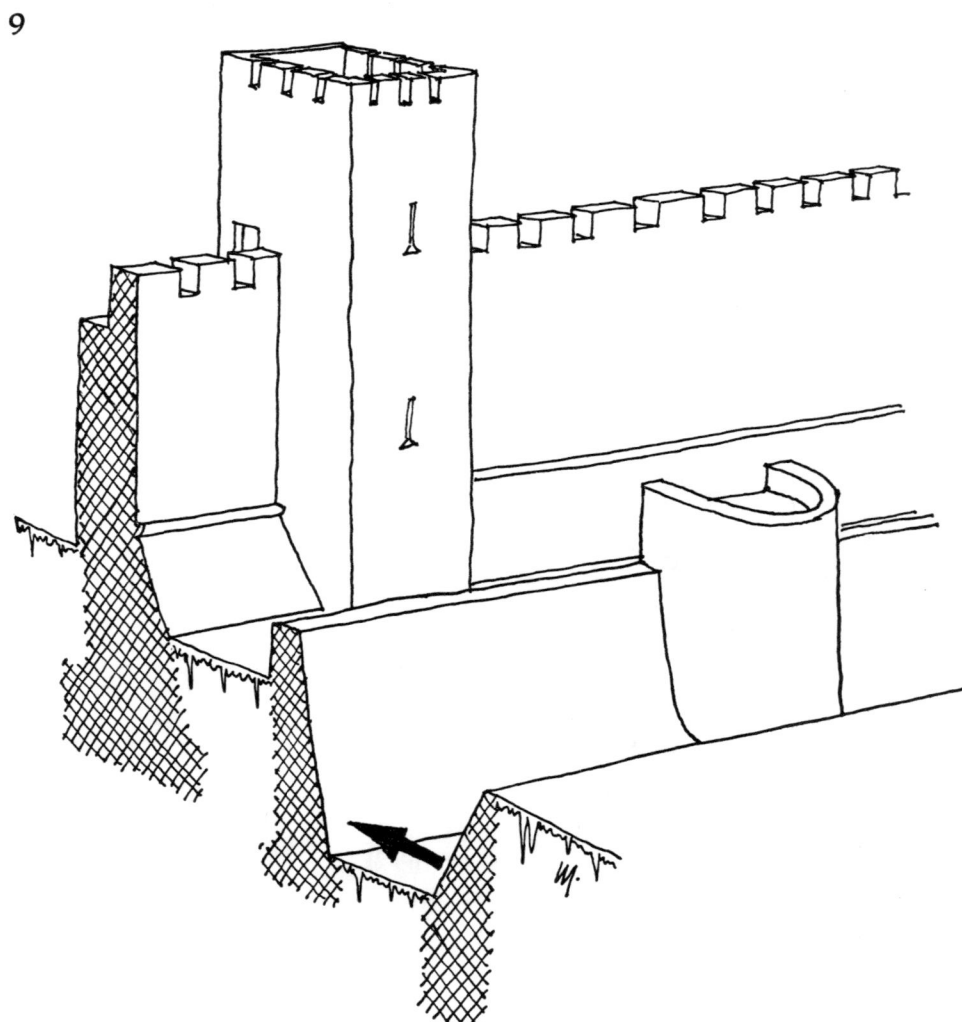

innere Grabenwand — Eskarpe

scarp

escarpa

escarpe

scarpa

Geböschte oder senkrechte Wand aus Fels, Naturstein- oder Ziegelmauerwerk an der Innenseite des Grabens.

Sloping or vertical face of natural rock or masonry forming the inner side of a dich or moat.

Cara interna del foso, normalmente ataludada, situada del lado de la fortificación.

Paroi latérale du fossé, verticale ou inclinée, située du côté de la fortification.

Parete del fossato, normalmente inclinata, situata dal lato della fortificazione.

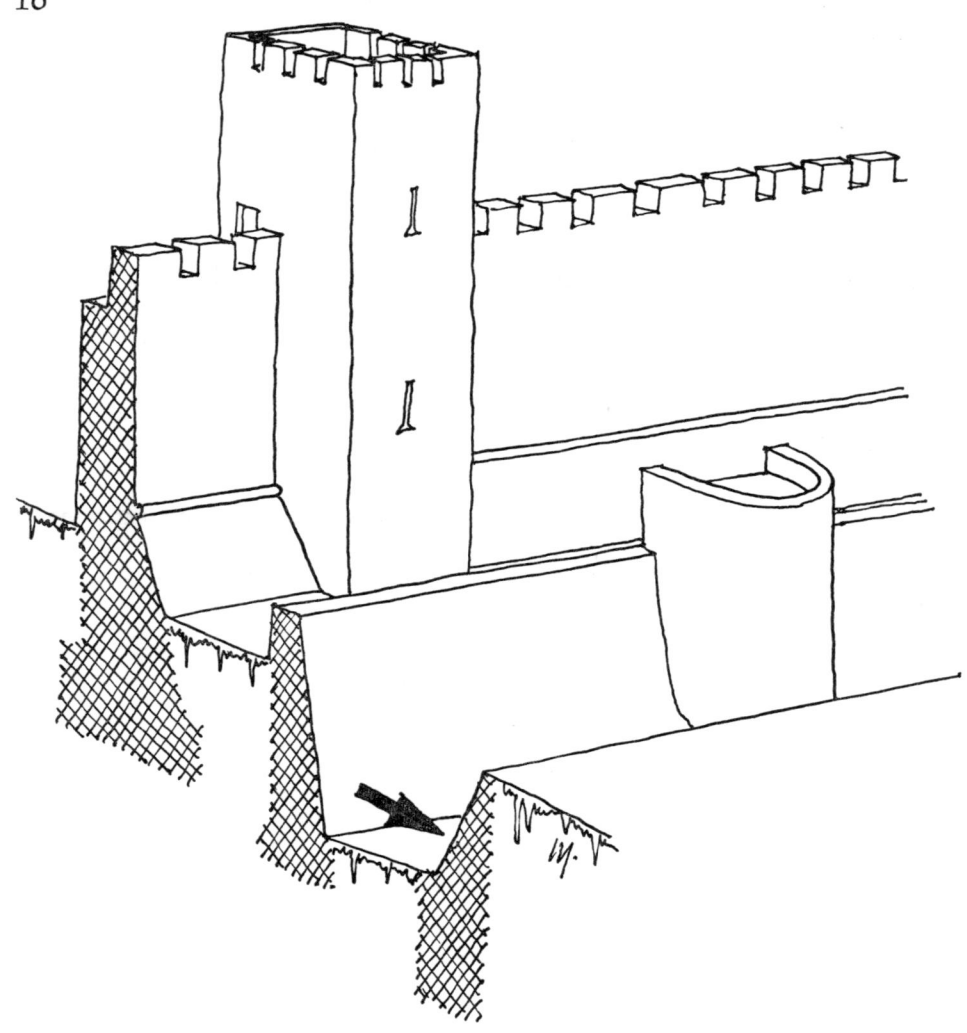

äußere Grabenwand — Kontereskarpe

counter-scarp

contraescarpa

contrescarpe

controscarpa

Vielfach nur geböschte aber auch mit Mauerwerk verkleidete Außenwand des Grabens.

Sloping or vertical face of the outer side of the dich or moat.

Cara externa del foso, normalmente ataludada, opuesta a la escarpa.

Partie laterale du fossé opposée à la fortification, talutée ou verticale.

Parete del fossato, normalmente inclinata, opposta alla scarpa.

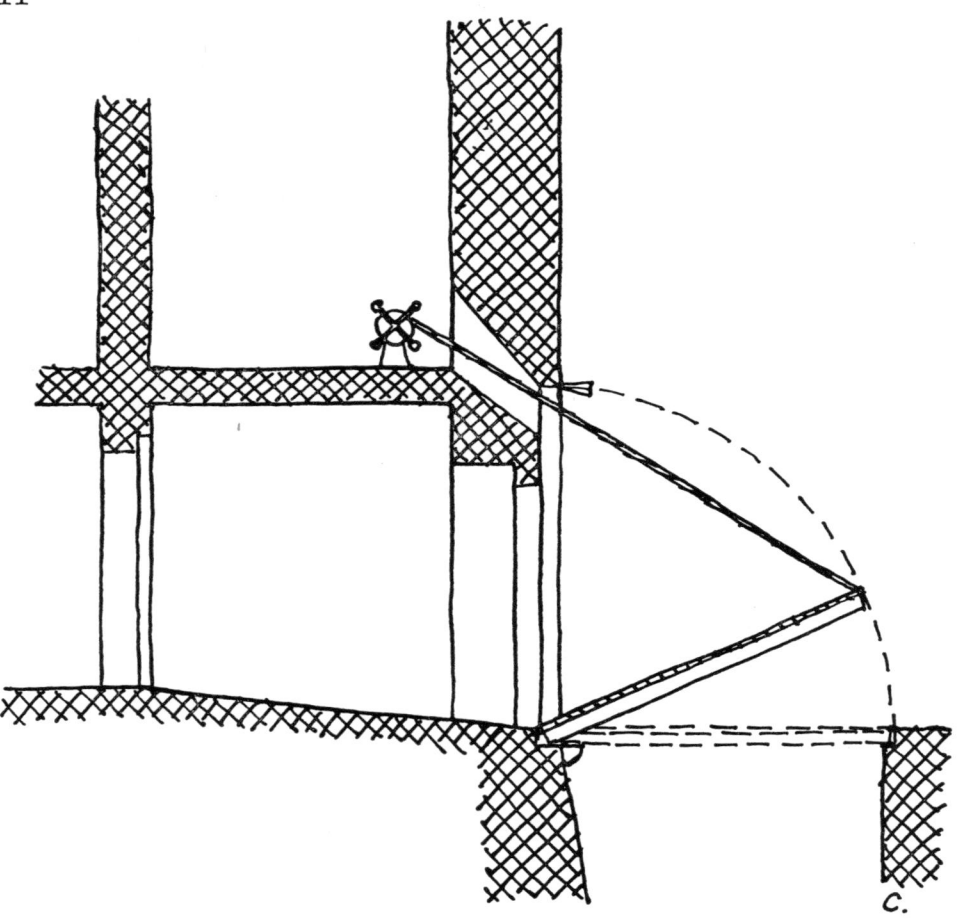

C.

Zugbrücke

drawbridge

puente levadizo — puente colgante

pont-levis

ponte levatoio

11 a

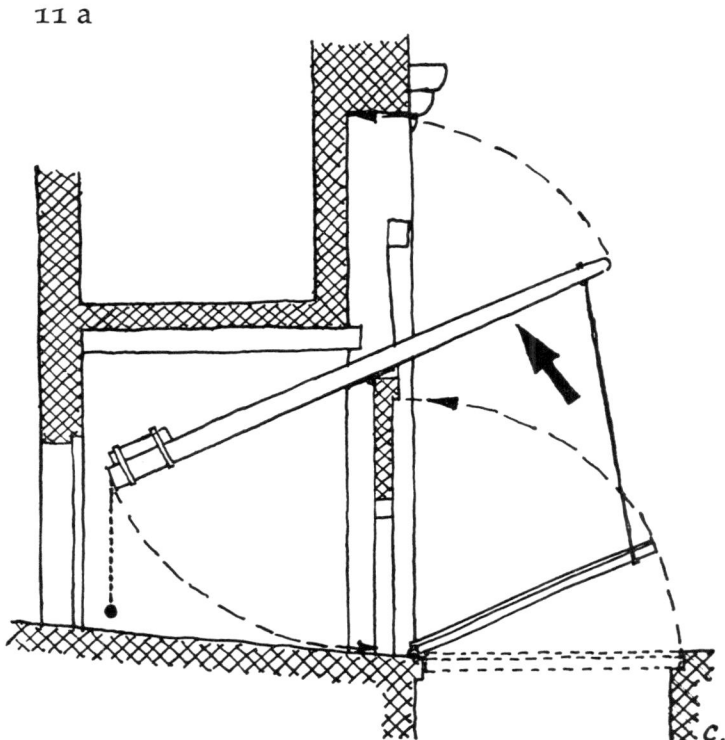

Zugbrücke — Schwenkbalken — Schwenkrute — Wippbaum — Zugbaum

drawbridge — counterpoise

puente colgante

pont levis — flèche

ponte levatoio — bolzoni

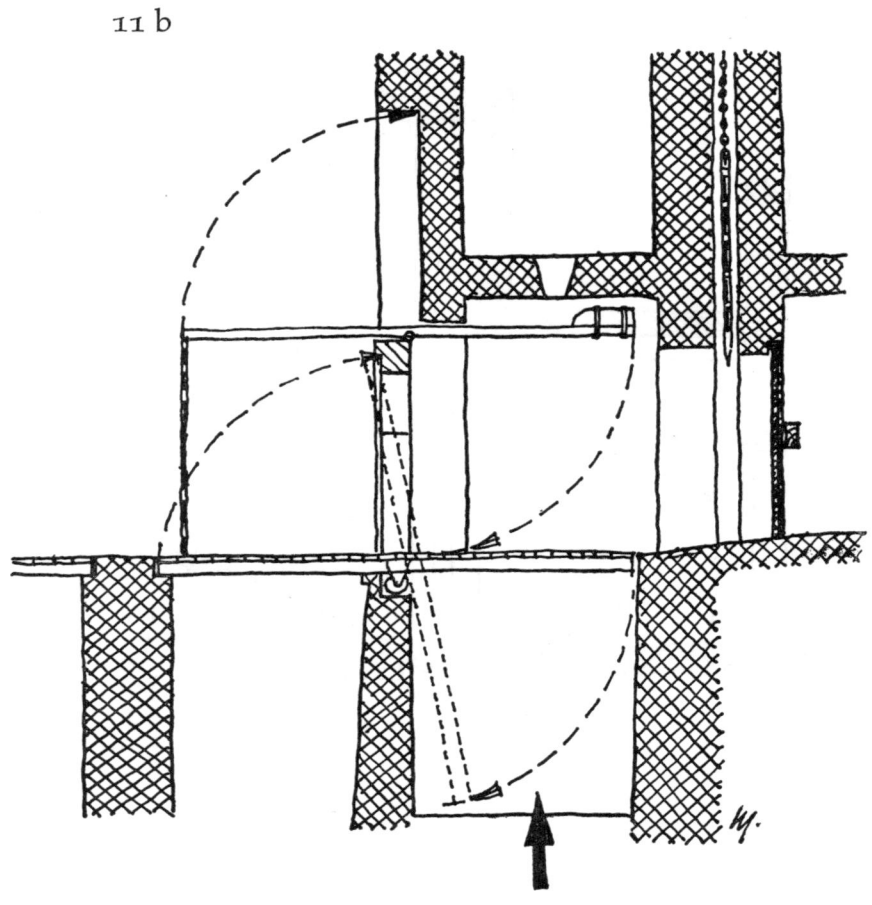

Zugbrücke mit Wolfsgrube

drawbridge with pit

puente levadizo

pont-levis avec saut de loup

ponte levatoio

Holzbrücke, die durch Aufziehen eines um eine Horizontalachse drehbaren Teiles der Brückenplatte unterbrochen werden kann. Der Aufzug kann durch eine Haspel, durch Schwenkbalken oder in Form einer Wippbrücke mit Einschlag in die »Wolfsgrube« geschehen. Selten verwendet die Kippbrücke. Die aufgezogene Brückenplatte dient zugleich als Torverschluß.

Wide wooden bridge turning on a horizontal axle; intended to provide defended crossing of ditch at entrance to castle. To interrupt the passage the bridge would be raised and turned on its axle to a vertical position.

Robusta plataforma de madera tendida sobre un foso frente a una puerta y que puede girar hasta la vertical a fin de impedir la entrada y cubrir la puerta. El sistema mecánico de alzarlo lo califica.

Pont en bois, mobile autour d'un axe horizontal, permettant de relever ou d'abaisser le tablier devant une porte, au moyen de leviers, chaines, poulies, contrepoids.

Ponte mobile, costruito con robusta orditura di legno, posto sopra un fossato in corrispondenza di una porta di un edificio fortificato alla soglia della quale era incernierato. Ruotando verso l'alto andava a chiudere la porta e contemporaneamente interrompeva il passagio sul fossato. Il sistema di manovra lo qualifica. I cammini di ronda potevano essere interrotti da piccole ponticelle levatoie.

beweglicher Steg

moveable foot bridge

pasarela móvil

passerelle volante

passarella mobile — passarella volante

Leichte, bewegliche Holzbrücke für Fußgänger, die von Hand leicht eingezogen oder abgeworfen werden konnte, im Gegensatz zur festen Brücke und zur Zugbrücke.

Narrow, light wooden structure, easily removed by hand, in order to isolate a tower, etc.

Tablero ligero y móvil que permite a las personas salvar un foso u otro vacío (por ejemplo delante de una torre o interrumpiendo el camino de ronda), y puede retirarse fácilmente a mano.

Pont de bois, léger et mobile réservé aux piétons et susceptible d'être enlevé facilement à la main.

Tavolato di legno, facilmente spostabile, che permetteva l'ingresso all'edificio fortificato soprapassando il fossato. In alcuni casi la passerella volante era posta tra il battiponte e la riva opposta del fossato quando la larghezza dello stesso non permetteva al ponte levatoio di raggiungerla. Anche i cammini di ronda potevano essere interrotti da passerelle volanti.

13

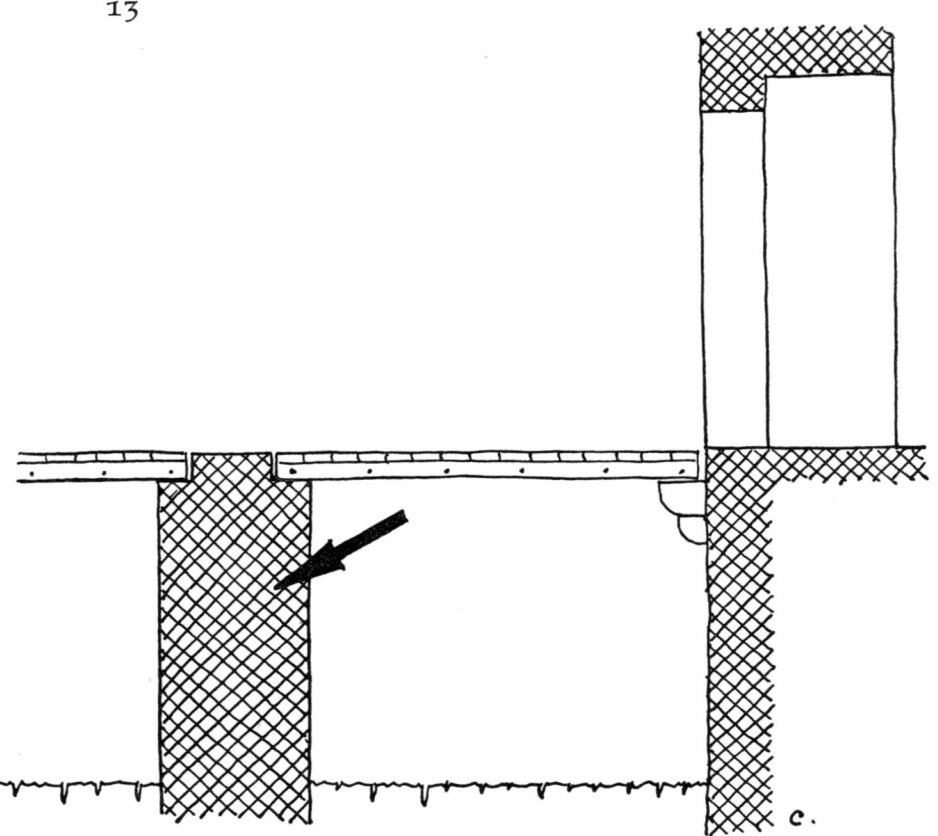

Brückenpfeiler

bridge pier

estribo

pile intermédiaire — culée

battiponte

Holz- oder Steinpfeiler, auch Felsstock im Graben, parallel zur Ringmauer als Gegenlager der beweglichen und der festen Brückenplatte.

Pier erected between the scarp and the counterscarp of an outer ditch, parallel to them and intended to support the outer end of the lowered drawbridge or moveable bridge.

Macho de madera, murete de obra, o puntón rocoso situado entre escarpa y contraescarpa, paralelo a ellas y destinado a soportatr el extremo del puente levadizo o pasarela. Normalmente soporta también el extremo de un puente o tablero fijo que lo une a la puerta del recinto exterior.

Pile de bois ou de pierre établie dans le fossé, ou piton rocheaux, permettant l'établissement du tablier d'un pont.

Pilone di legno o muratura, posto nel fossato parallelamente alla porta dell'edificio fortificato, sul quale appoggiava da una parte l'estremità libera del ponte levatoio abbassato (che non poteva salvo casi eccezionali raggiungere la sponda opposta), e dall'altra o una passerella volante o l'arcata di un ponte.

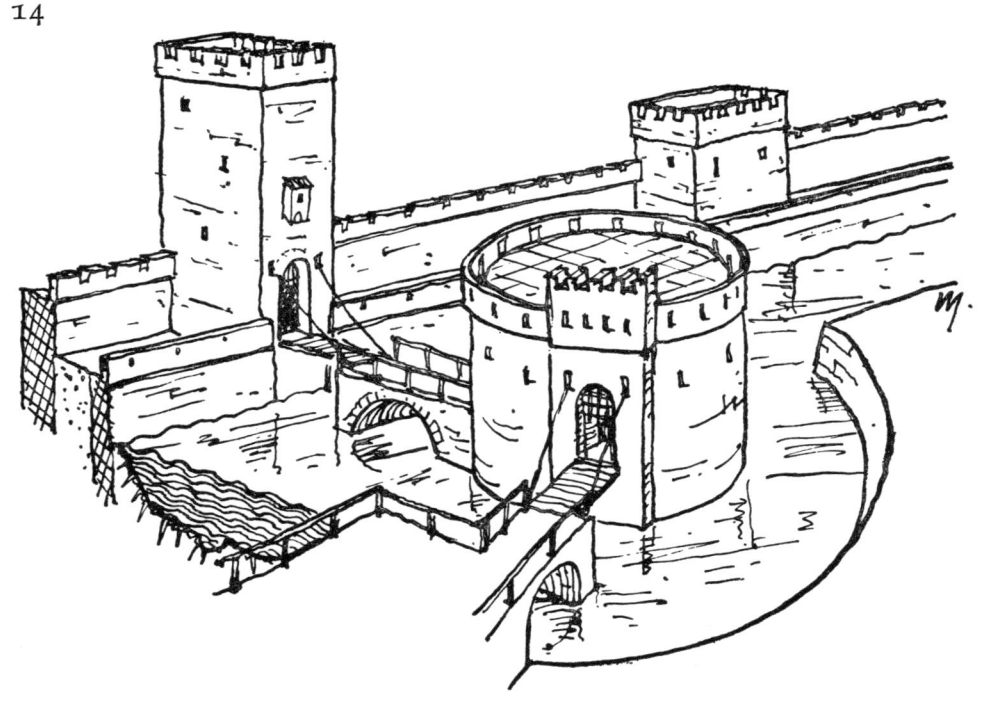

14

Barbakane — Brückenkopf — Außentor

barbican — spur-work — ravelin

barbacana — revellín

barbacane — ravelin

barbacane — rivellino

Hofartiger, von Wehrgängen umzogener Wehrbau vor dem Tor, einem Turm oder zur Verstärkung einer schwachen Stelle. In Deutschland stets dem Tor fest verbunden, sonst vielfach frei davorstehend und von einem Graben umgeben. Der Weg zum Tor ist im Bereich der Barbakane geknickt oder gewinkelt geführt.

Outwork constructed to protect and reinforce a gateway, a tower, or a point of weakness.

Obra exterior corta y más baja que el recinto principal, destinada a proteger puertas o torres, cabezas de puente o cualquier lugar débil de una fortificación, duplicando y reforzando la defensa principal. La obra situada frente a una puerta, con o sin foso, se llama revellín.

Ouvrage défensif en saillie par rapport à la fortification principale, placé en avant d'une porte ou d'un point faible. Il est fréquemment entouré d'un fossé ou d'une douve.

Costruzione avanzata quasi sempre staccata dalle mura e destinata di massima a coprire la base delle stesse o l'ingresso al quale è anteposta duplicando e rinforzando la difesa principale. Se la costruzione avanzata oltre ad essere più bassa della cortina che difende è posta davanti alla porta che copre ed è contornata da proprio fossato si chiama rivellino.

15

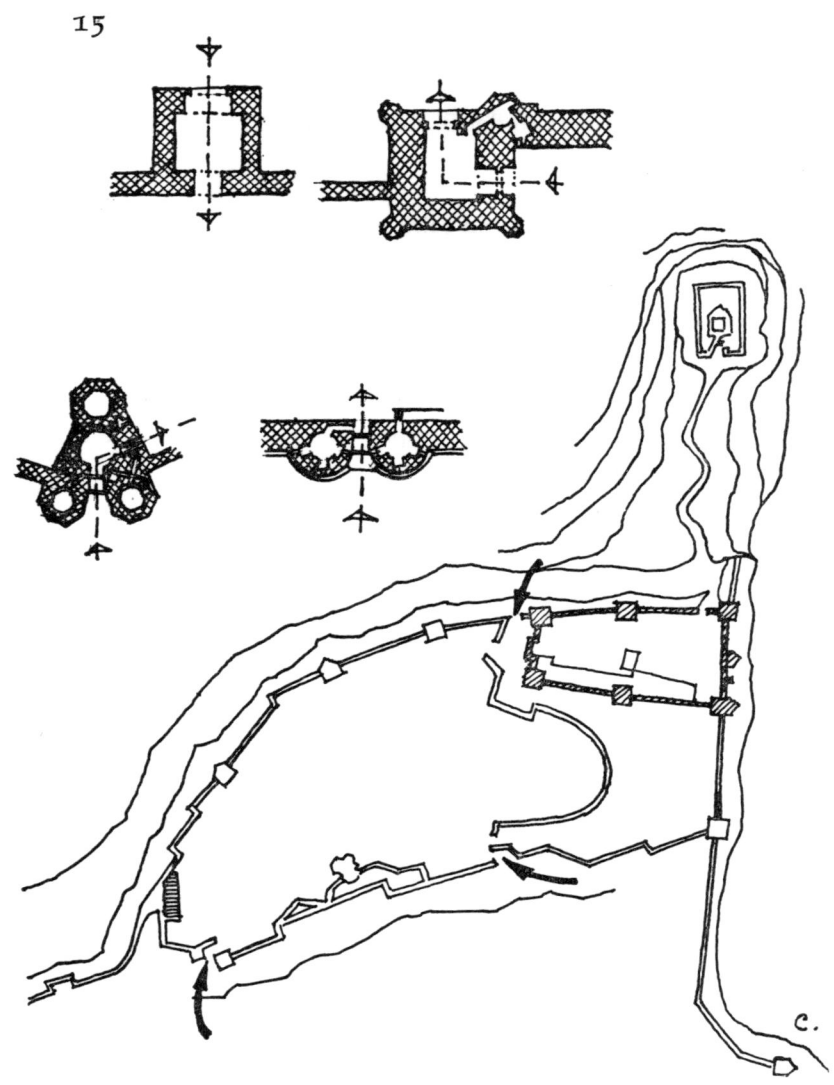

Torbau

gatehouse — defended gateway

puerta fortificada

porte fortifiée

porta fortificata

15 a

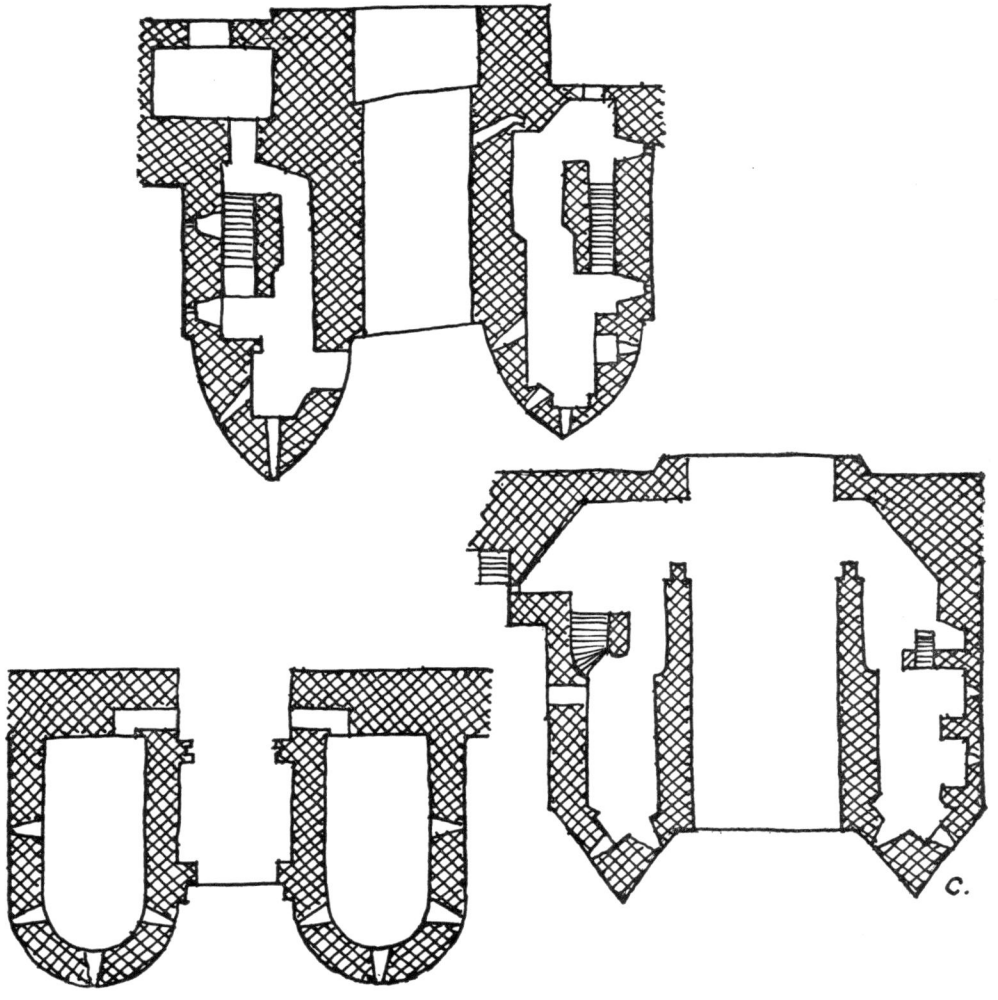

c.

Burgtor — Torturm — Torbau

defended gateway — gatehouse

puerta fortificada

porte fortifiée

porta fortificata

Verschließbarer Zugang zu einer Burg, der als offenbar schwache Stelle besonders geschützt ist, sei es durch zwei flankierende Türme oder durch einen quadratischen Torturm. Die flankierenden Türme schließen die Torhalle oder Torkammer ein (Kammertor).

Aperture pierced through the enclosing wall of a town or a castle, and which, as constituting a weak point in the defences, has its own special protection; this may consist of a pair of flanking towers, or a tower in the centre or one side of which the gate itself is set.

Ingreso a través de la muralla de una villa o fortificación. Por ser un punto débil en la defensa, se solía reforzar por dos torres que la flanquean, o por una sola, en la cual frecuentemente se abre la puerta de frente o de costado. La forma geométrica de su planta y su posición en el recinto la califican.

Porte d'entrée percée dans l'enceinte d'une fortification; considérée comme un point faible, elle est défendue par des tours de flanquement ou par une tour qui la surmonte.

Varco d'ingresso di una città murata, di una fortezza, di un castello, di una costruzione fortificata, ecc.; generalmente difeso da due torri fiancheggianti se aperto nella cortina, oppure da una torre se aperto nella stessa sia di fronte che di fianco.

CASTILLO ESPAÑOL

(Molina de Aragón, Guadalajara)

Torhalle

gate-hall

porche — zaguan — portal

passage d'une porte

androne — andito d'accesso

Meist gewölbter Raum im Torbau mit mehreren Verschlußmöglichkeiten zur Behinderung bzw. Vernichtung eingedrungener Feinde.

Main through passage of a gate-house.

Espacio cubierto, normalmente abovedado, situado inmediatamente al porton y dentro del cuerpo de una puerta fortificada y provisto de diversas defensas.

Salle voûtée au rez de chaussée d'une porte fortifiée, comportant divers systèmes de défense contre l'assaillant qui aurait déjà pris pied.

Spazio coperto situato immediamente all'interno del portone d'ingresso o del ponte levatoio nel corpo di una porta fortificata.

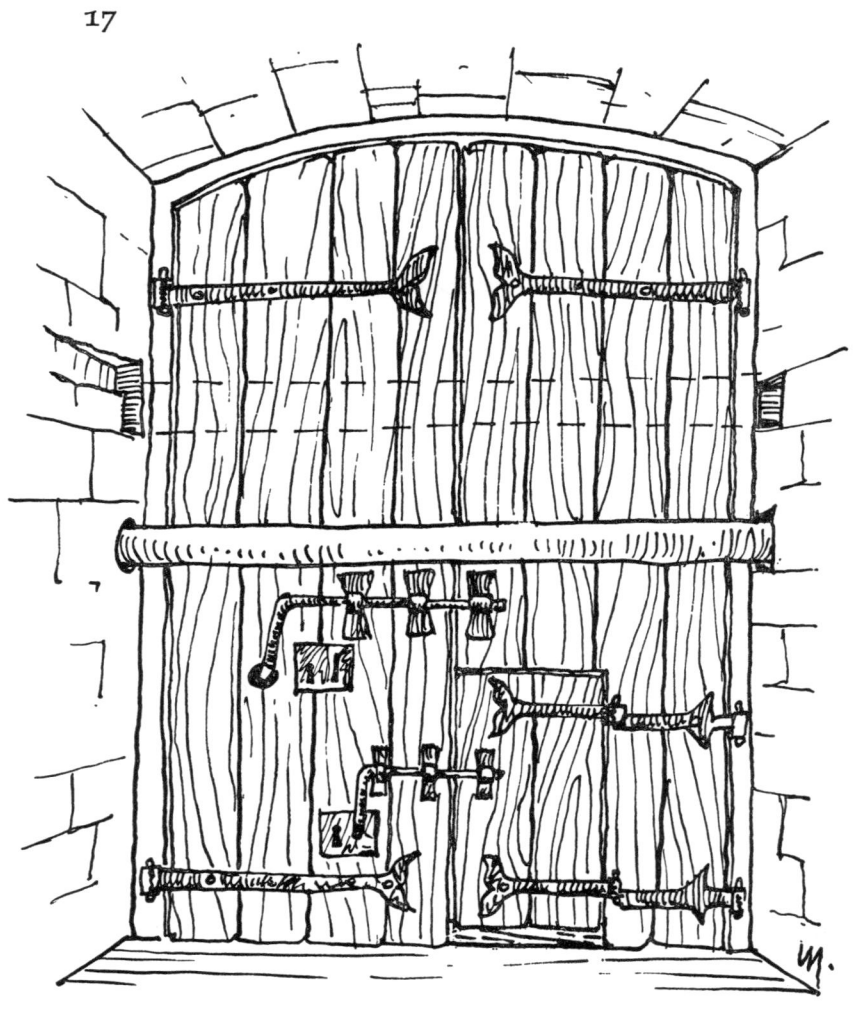

17

Torflügel

leaves of door

portón

vantaux de porte

portone

Gedoppelter, außen zum Schutz gegen Brand mit Blech beschlagener, hölzerner Torverschluß, meist zweiflügelig mit eingeschnittener Pforte (dem Mannloch) und mehreren Verriegelungen.

One half of a pair of doors.

Recio tablero de madera, con refuerzos de hierro que, girando sobre un eje vertical, cierra, generalmente por parejas, la abertura de una puerta fortificada.

Panneaux de bois épais et bardés de fer pour résister au feu et à la sape; Ils pivotent sur un axe vertical de manière à permettre l'ouverture ou la fermeture. Synon = battant ou guichet lorsqu'il est de petites dimensions.

Chiusura di una porta fortificata a uno o due battenti costruiti con robuste tavole di legno (alle volte con fasciame o rivestimento in ferro), ruotanti verticalmente su perni entro anelli o incavi di pietra — più tardi sostituiti da ganghieri in ferro di cui uno centrale rovescio per impedirne lo scardinamento.

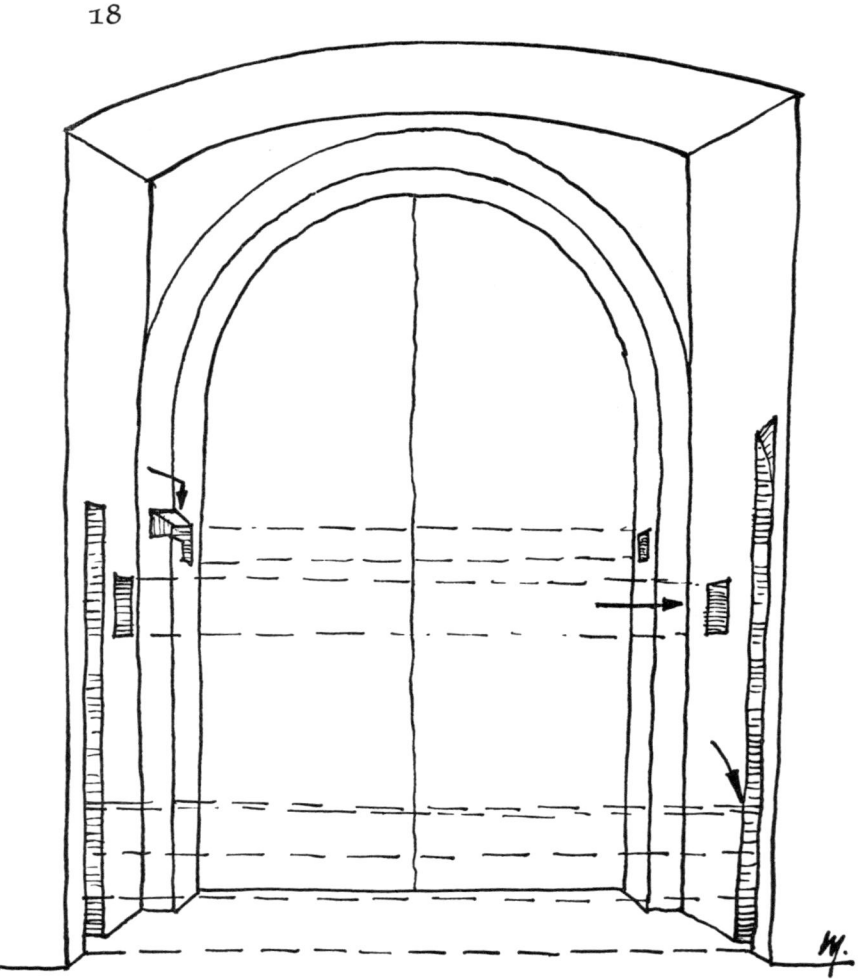

18

Torbalken — Balkenriegel — Klemmbalken

drawbar

tranca — barrón

fléau — poutre de verrouillage

stanga

Balken zum Sperren der Torflügel, als Schiebebaum, Schwenkbaum oder Riegel, jeweils in seitlichen Mauerschlitzen oder hinter Klauensteinen verriegelt.

Sliding bar to secure doors in closed position.

Palo grueso, deslizante o basculante, que se atraviesa para mayor seguridad detrás de los portones en una puerta fortificada, alojándose en canecillos o en ranuras talladas en las jambas.

Pièce de bois, coulissante ou basculante, destinée à bloquer les vantaux de la porte d'entrée. Elle est maintenue en travers de celle-ci par des corbeaux de pierre ou par des entailles percées dans les ébrasements.

Robusta trave di legno, che posta orrizzontalmente contro il battente o i battenti con le estremità inserite nelle apposite sedi situate su gli stipiti od aperte nel muro, sbarra il portone dall'interno.

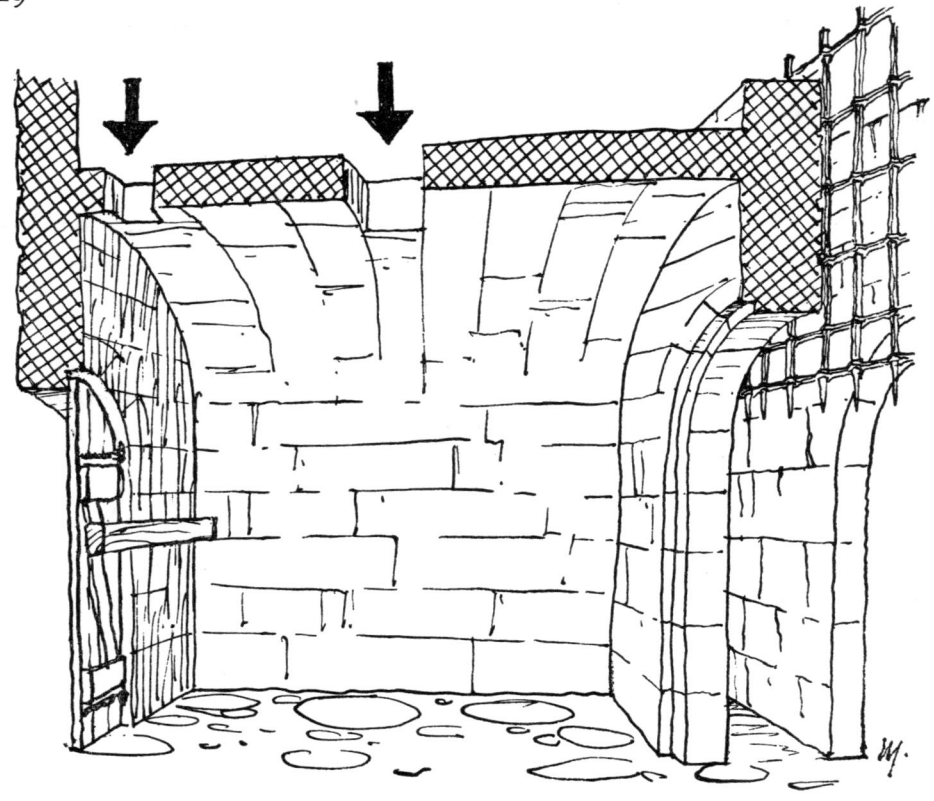

19

Gußloch

murder hole

buhedera — buhera

assommoir

piombatoia — caditoia

Öffnung in der Decke oder Wölbung der Torhalle oder eines Durchgangs, zum Herabschütten oder -werfen von Flüssigkeiten oder Gegenständen auf unerwünschte Passanten. Auch zur verbalen Verständigung oder zum Löschen von Bränden an den Torflügeln.

Opening formed in vault above gate-passage, enabling defenders to harras attackers from above.

Pequeña abertura o rasgadura, para la defensa vertical, situada en la bóveda de los accesos y delante o detrás de los portones (combinada a veces con el rastrillo), así como en algunos pasadizos.

Ouverture menagée dans une voûte au dessus d'une porte fortifiée ou d'un passage vouté, permettant aux défenseurs d'assommer l'assaillant au moyen de projectiles.

Apertura indirizzata verso il basso ricavata nella volta o nel solaio dell'androne di porte fortificate o di passaggi obbligati al fine di sorprendere gli assalitori con una efficiente difesa verticale (pietre, liquidi bollenti, ecc.).

20

Fallgatter — Falltor

portcullis

rastrillo — peine — órgano

herse — orgue

saracinesca — rastrello — organo

Vorrichtung aus Holz oder Eisen, meist Balkenrost mit eisenbeschlagenen Spitzen zum plötzlichen, überraschenden Verschluß des Burgtores. In seitlichen Nuten oder hinter Hakensteinen an der Außenwand, inmitten der Torhalle oder an der Hoffront laufend, an Seilen oder Ketten hängend.

Iron or iron-pointed wooden grille made to slide up and down in grooves set on either side of a fortified gateway and controlled from position over the gate-passage.

Pesada reja o panel de hierro, o de madera reforzada con tirantes, y acabada inferiormente en puntas, que se desliza sobre ranuras laterales en una puerta fortificada y se soporta por cuerdas o cadenas. Echada como compuerta impide la entrada. (Cuando está constituída solo por elementos o vigas verticales, aisladas entre sí, que pueden descender independientemente, se llama órgano.)

Grille de fer ou de bois coulissant dans des rainures creusées dans les montants de la porte d'entrée ou de la poterne, et manoeuvrée à l'aide d'un treuil ou d'un contrepoids. On l'appelle orgue, losque ce systéme de fermeture n'est composé que de barres verticales.

Chiusura a caduta, die porta o di pusterla di una città fortificata, di una fortezza, di un castello, ecc.; formata da un pesante tavolato o da un robusto cancello in legno o ferro con scorrimento a ghigliottina in apposite guide vertical. Si chiama organo quando nella forma a cancello i suoi elementi verticali hanno scorrimento indipendente gli uni dagli altri si che nessun ostacolo postovi sotto dagli assalitori ne arresta la chiusura.

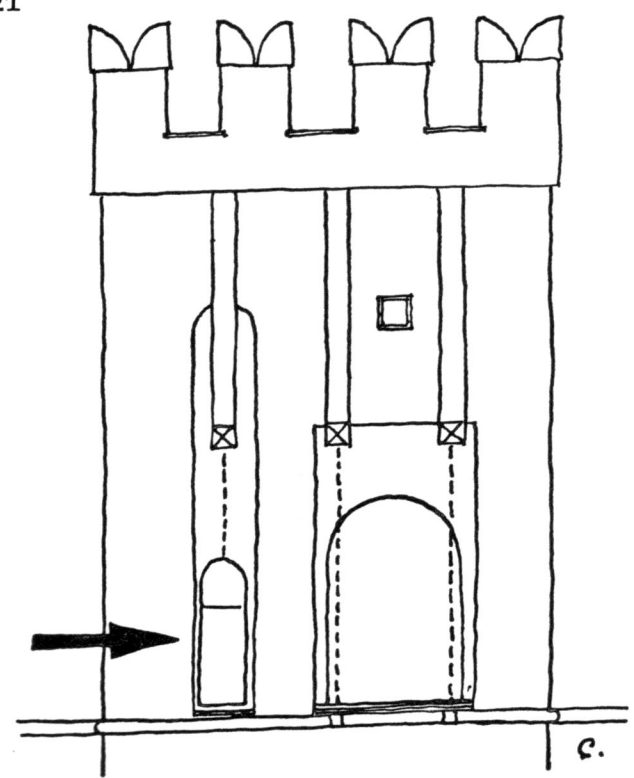

21

Fußgängerpforte — Einlaßtörle

postern

postigo — portillo

poterne — portillon

pusterla — postierla

Kleine, enge Tür zum Eintritt für Fußgänger oder einzelne Reiter neben dem Haupttor.

A subordinate gate restricted to access by pedestrians or horses.

Puerta estrecha que permite el ingreso individual de personas o caballos. Solía estar junto a la puerta principal pera permitir que ésta estuviese normalmente cerrada y podia tener su propio puente levadizo o pasarela.

Petite porte étroite située à côté de la porte principale, et réservée à l'accès individuel.

Piccola porta secondaria di una cinta o di un edificio fortificato, spesso ubicata lateralmente alla porta principale, tale da permettere il passaggio di una sola persona a piedi od a cavallo. Quasi sempre la pusterla è dotata di una propria ponticella anche levatoia.

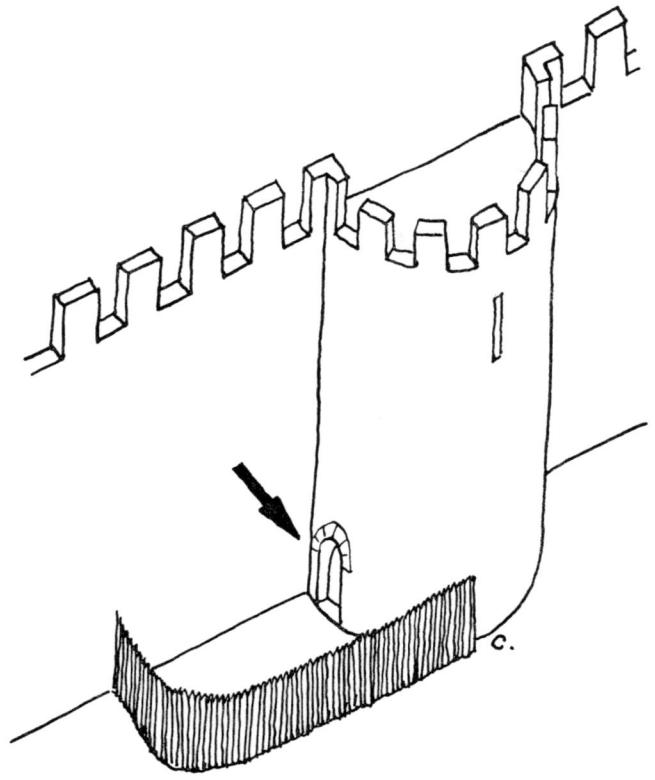

Ausfallpforte — Schlupftür — heimlicher Ausgang

sally port

poterna — puerta de la traición

poterne de secours

porta segreta

Versteckter Ausgang in der Mauer einer Burg oder Festung zum geheimen Austritt oder Einlaß von Verstärkungen in Verbindung mit dem Graben oder der Außenwelt stehend.

Concealed door through a castle wall, allowing secret exit, or to admit help and connecting interior with the ditch or the outside of the castle.

Pequeña puerta destinada a entrar o salir secretamente de una fortificación. Provista de defensas, estaba en muchos casos elevada sobre el suelo y casi siempre oculta o poco visible. Solía salir a los fosos o a las partes escarpadas.

Petite porte dérobée, percée dans l'enceinte d'un château-fort, donnant accès au dehors ou au fossé.

Piccola porta ben dissimulata che permette di uscire ed entrare segretamente in un castello, in una fortezza ecc.; ed eventualmente ricevere soccorsi. Generalmente aperta nel fossato, solamente in alcuni casi aperta alta sopra il livello del suolo.

23

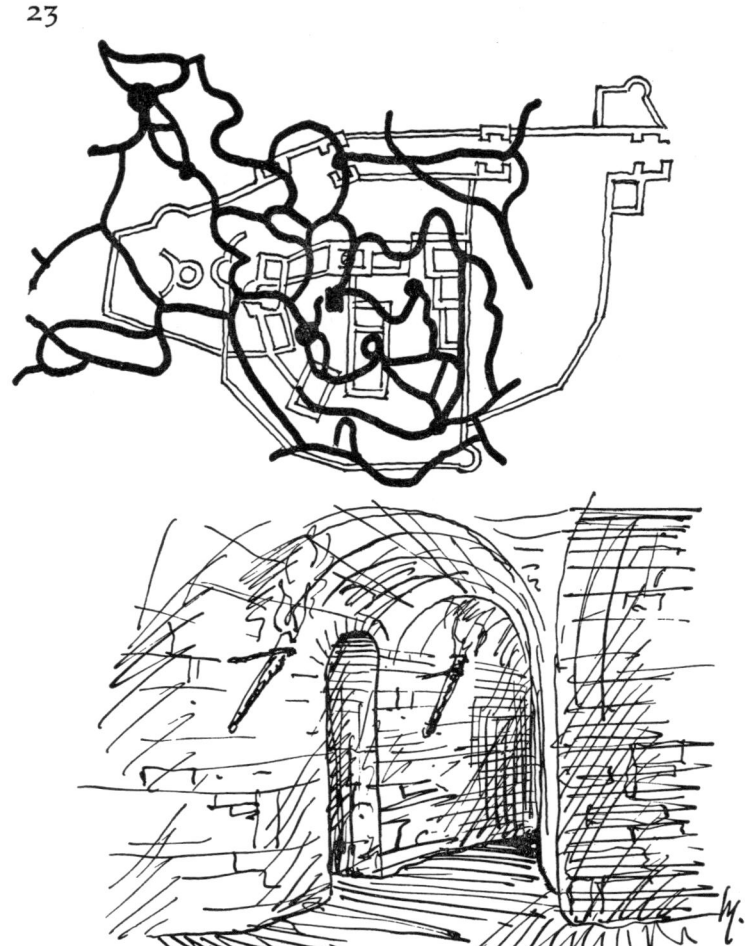

unterirdischer Gang

underground passage

mina de comunicación — pasaje subterráneo

passage souterrain — souterrain

passaggio sotteraneo — passaggio segreto

Fluchtweg oder Zugang zu einer Wasserader, meist nur auf kurze Strecken. Erd- und Felsstollen oder gemauerte, gewölbte Gänge.

Vaulted or rock-cut tunnel constructed to communicate with outworks of castle.

Galería estrecha y subterránea que facilita las comunicaciones entre los distintos puntos de una fortificación-y, a veces, la salida al exterior, donde acaba en un lugar oculto.

Passage ou couloir, creusé sous terre et généralement voûté, assurant des liaisons secrètes entre les différents parties du château-fort et l'extérieur.

Cunicolo sotterraneo pedonale (normalmente rivestito in muratura), che oltre a falicitare le comunicazioni tra i diversi punti di una fortificazione, di un castello ecc.; poteva permettere facili e segrete comunicazioni con l'esterno quando sbucava in luogo nascosto, alle volte posto assai lontano dalla fortificazione stessa.

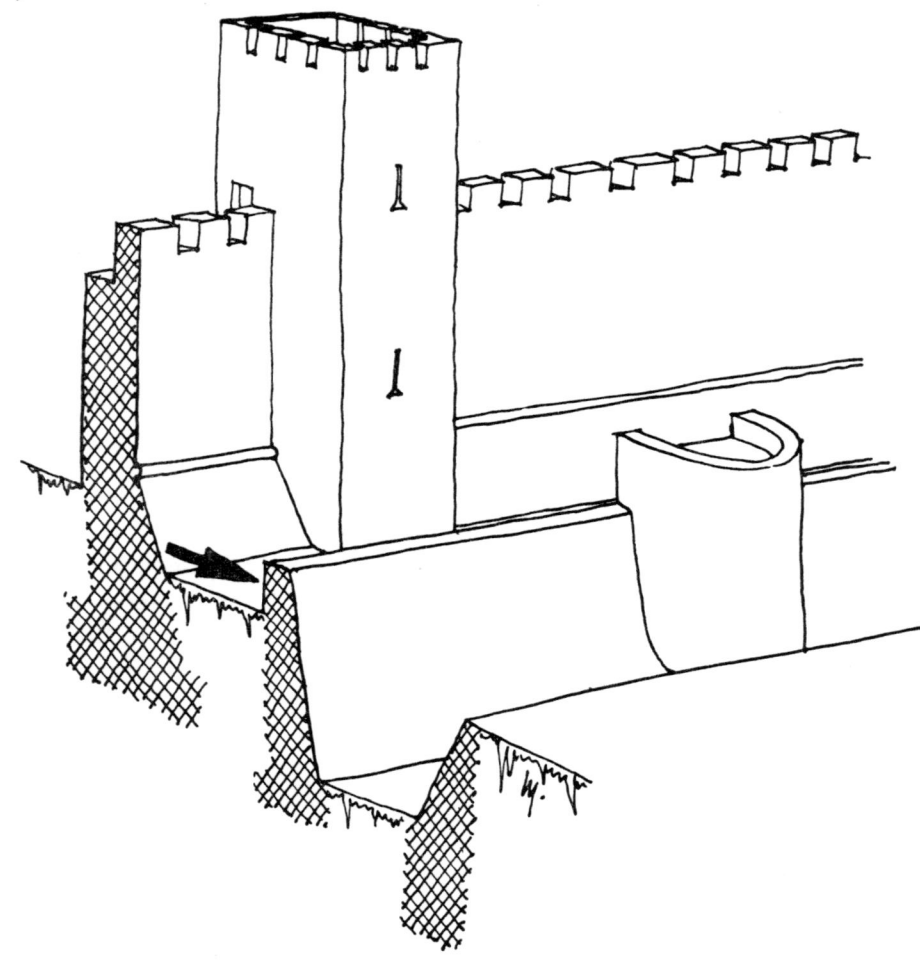

Zwingermauer

outer wall — outer curtain

barrera — antemural — muro exterior

enceinte extérieure — avant mur

antemurale

Die den Zwinger gegen den Graben begrenzende Mauer, meist mit eingebauten, nach außen vorstehenden Flankierungstürmen. Stets niedriger als die Ringmauer und von dieser beherrscht.

Where a castle or walled town is surrounded by several successive lines of defence, the wall which first confronts an assailant is called the outer curtain. It is always lower and commanded by the second line.

Muro o recinto exterior que rodea y protege la muralla o recinto principal de una villa o fortificación. Suele tener torres de flanqueamiento, siendo más bajo y estando dominado por la muralla.

Mur extérieur, garni de tours de flanquement et muni d'un fossé, se plaçant au devant de la lice.

Opera avanzata — prima difesa esterna — generalmente posta avanti le mura di una costruzione fortificata, dominata dalle stesse ed atta a proteggerle. Poteva essere costruita con terra, con legname o con muratura.

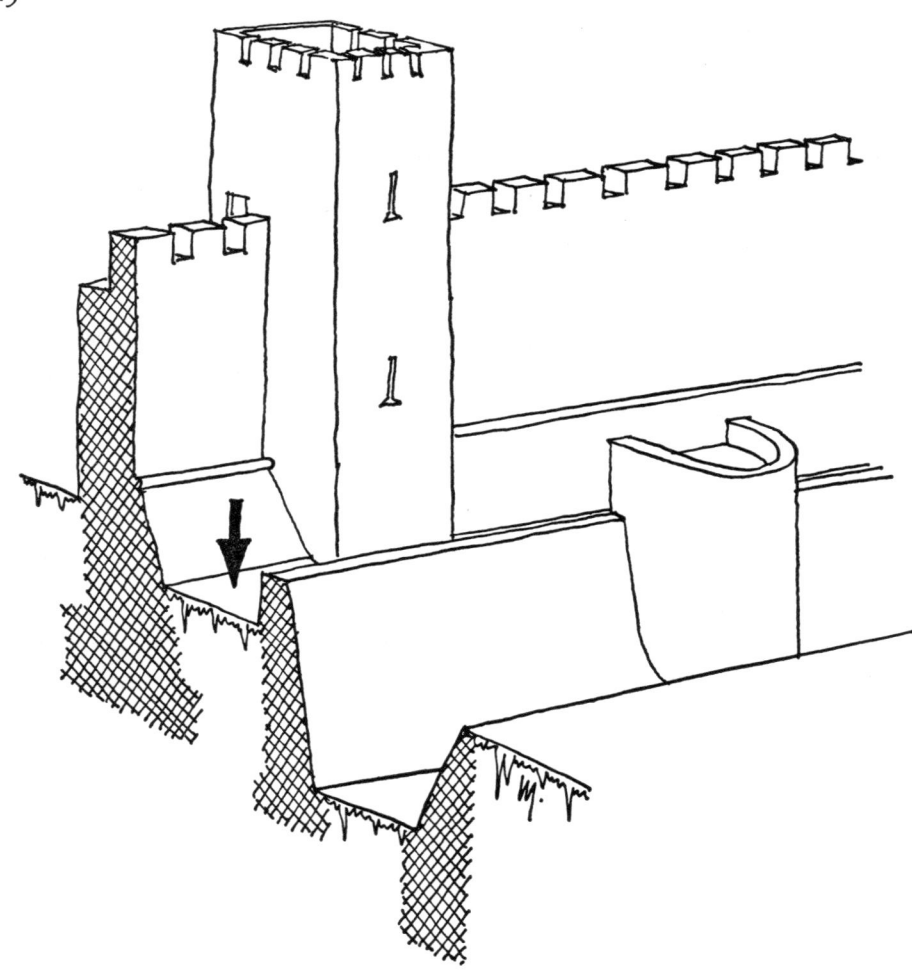

Zwinger

outer ward

liza — entremuros

lice

lizza

Enger, vor der Ringmauer, zwischen dieser und einer zweiten schwächeren Mauer und dem davorliegenden Graben gelegener Flächenstreifen. Verstärkung der Verteidigung, die seit den Kreuzzügen üblich wurde.

Narrow space between the outer and the inner curtain walls of a castle.

Espacio o intervalo estrecho entre la barrera y la muralla que facilita los movientos de la guarnición y puede alojar algunos servicios, además de aumentar la profundidad de la defensa. En tiempo de paz podia utilizare para ejercicio de armas, torneos, etc.

Espace au devant du mur d'enceinte intérieure et protégé par une enceinte extérieure, servant à placer des machines de guerre, réunir les troupes, et faciliter les mouvements de la garnison.

Spazio di terreno compreso tra due cinte di difesa concentriche — dominato dalle stesse serviva a facilitare i movimenti della guarnigione, ma sopratutto ad aumentare la profondità della difesa ed impedire l'avvicinamento delle torri degli assedianti. In tempo di pace usato per prove d'armi, tornei, gare, ecc.

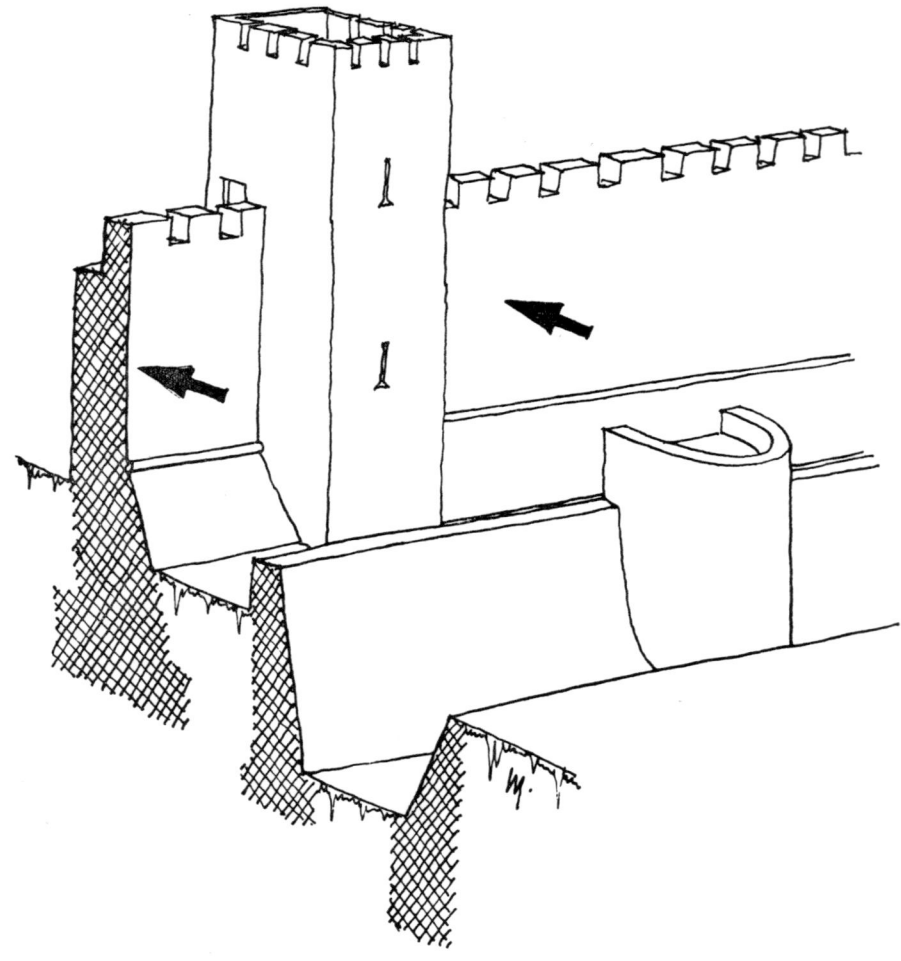

26

Ringmauer

enclosing wall — enceinte

muralla — muro — cerca — recinto — cinto

enceinte — rempart — muraille

mura — cinta

Hohe, breite Mauer zum Schutz und zur aktiven Verteidigung. Durch ihre Höhe widersteht sie dem Übersteigen, durch ihre Stärke dem Sturmbock und anderen Kriegsmaschinen sowie dem Unterminieren. Die Ringmauer umschließt eine Stadt oder eine Burg.

A thick high wall built of stone and intended for defence, its height making it difficult to scale and its thickness offering resistance to projectiles, battering rams and mines; the protective ring round a castle or walled town.

Muro de piedra, ladrillo o tapial, que constituye la defensa de una villa o fortaleza; por su altura, trazado y espesor se opone tanto a la escalada como a la zapa, mina, etc. Si la muralla se cierra sobre si misma, se llama recinto o cerca.

Muraille principale d'une ville ou d'un château, très haute pour rendre dificile l'escalade, épaisse pour resister à la sape et à la mine.

Muro di pietra o di mattoni che per il suo spessore, la sua altezza e il suo sviluppo costituisce difesa continua di una fortezza, di un castello, di una città, di un borgo, ecc.

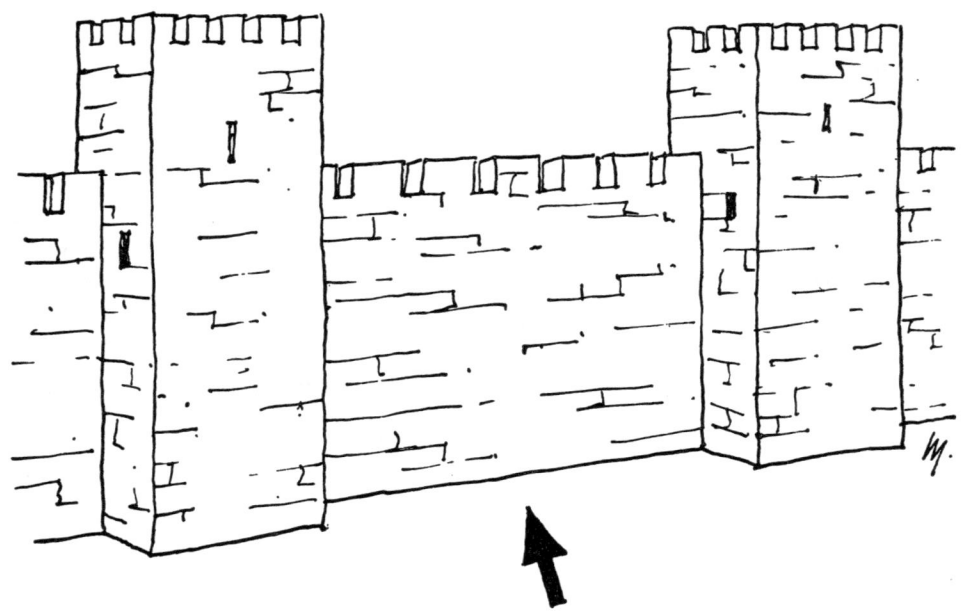

Kurtine

length of curtain wall

lienzo — cortina — paño

courtine

cortina

Teil der Ringmauer zwischen zwei Türmen oder Basteien. Deutsch nur bei Festungen (16.—19. Jahrhundert) gebraucht.

Length of wall between one tower and the next.

Sector de muralla entre dos torres consecutivas.

Partie du mur d'enceinte comprise entre deux tours.

Tratto di muro compreso fra due torri successive di una cinta.

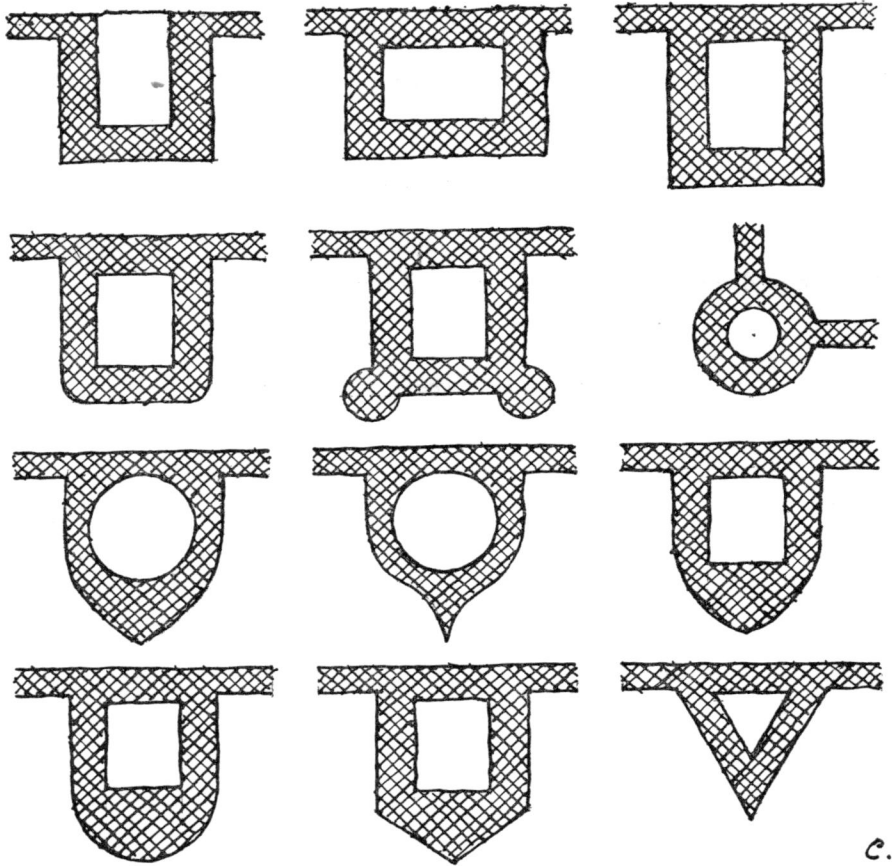

C.

Turm — Mauerturm

tower

torre — torreón — cubo — torre albarrana

tour

torre

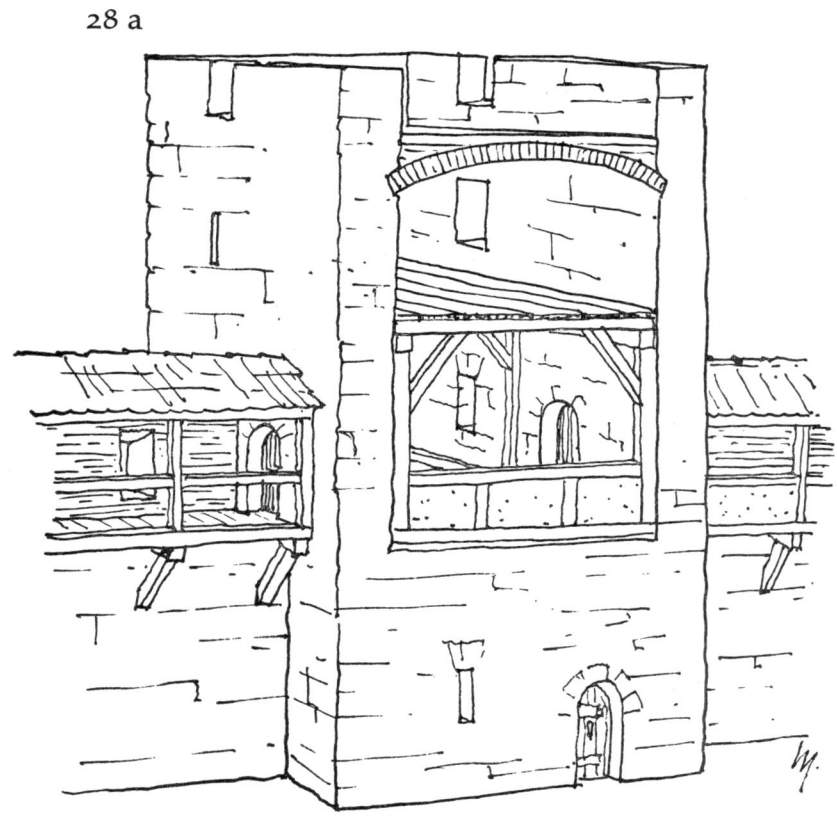

Mauerturm — Schalenturm

tower with open gorge

bestorre — torrelló

tour ouverte à la gorge

torre aperta alla gola

28 b

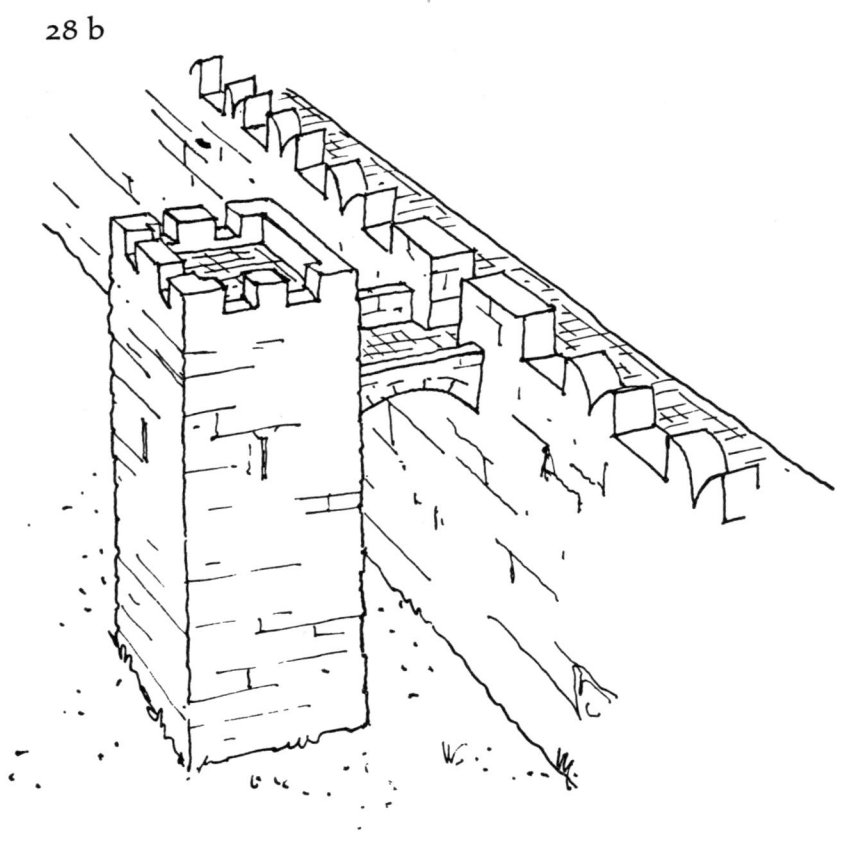

vorgeschobener Wachtturm — Außenwerk

watch tower

torre albarana

tour de guet — tour de vigie

torre di guardia

28 c

Bastei — Geschützturm

gun tower

torre de artillería — cúpula

tour d'artillerie — tour à canon — tour canonnière

torre martello

Frei vor der Mauer oder in Verbindung mit dieser oder anderen Gebäuden ste-
hendes Bauwerk einer Befestigung. Bündig in der Mauer oder zur Flankierung
vortretend, durch besondere Höhe ausgezeichnet. Grundrißformen: Quadrat,
Rechteck, Kreis, Halbkreis oder Polygon, zuweilen an der Innenseite offen.

A structure lofty in proportion to its base; either freestanding, or projecting from
other structures, intended to strengthen the defences and facilitate flanking fire.

Alta construcción cilíndria o prismática, ya sea aislada o inserta en los muros de
una villa o fortificación, de los que es el elemento principal de defensa, refuerzo
flanqueamiento. La forma geométrica de su planta la califica. Las insertas en
la muralla están, a veces, abiertas al interior. (En España se dá el calificativo de
albarrana a la torre que está destacada del muro y frecuentemente unida a él
por un puente fácilmente destruible, o bien está pegada a la muralla pero construída independiente, de tal manera que si cae no arrastre al muro.)

Construction élevée, isolée ou saillante sur l'enceinte d'une fortification, destinée
à assurer le flanquement des courtines. Les formes du plan sont diverses: cercle,
demi-cercle, rectangle, carré, polygone, etc. Elle est dite ouverte à la gorge quand
elle ne se referme pas du côté de la place.

Costruzione fortificata sviluppata in altezza (cilindrica o prismatica) atta alla
difesa, all'avvistamento, alla segnalazione, sia isolata che inserita in una forti-
ficzione (fortezza, castello, cinta, ecc.). La forma geometrica della sua pianta la
qualifica. Se posta in un contesto urbano poteva essere destinata ad abitazione,
nel qual caso si chiama cassa-torre.

CHÂTEAU-FORT FRANÇAIS

(Château-fort de Bonaquil, Lot et Garonne)

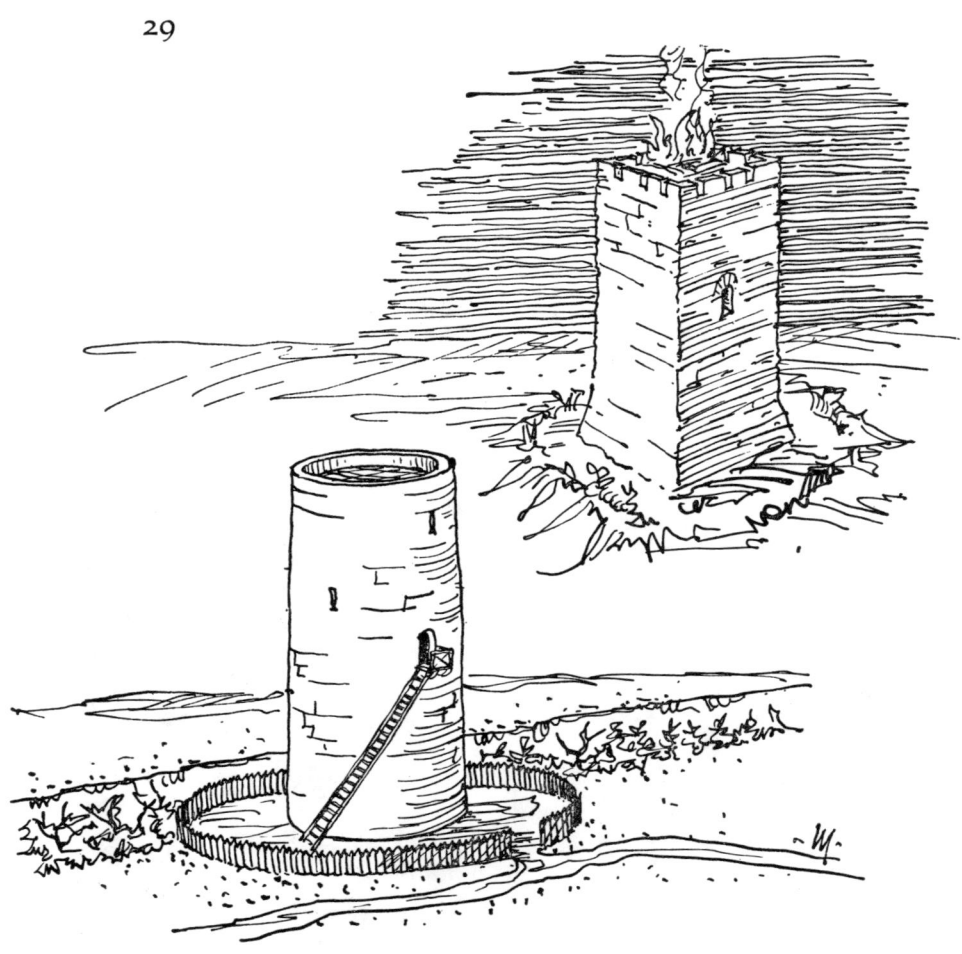

Wachtturm — Warte

watch tower

torre vigía — atalaya — almenara — torre de la vela

tour de guet — tour de vigie

battifredo — belfredo — bicocca

Frei im Gelände, jedoch in Blickverbindung mit der Burg stehender Turm zur Beobachtung der Feindannäherung und zur Signalisierung von Gefahr durch Feuer- und Rauchzeichen.

Tower with commanding position, in which a watchman could be placed to signal the approach of the enemy.

Torre emplazada en altura dentro, o más frecuentemente, fuera y lejos de la fortificación, destinada a asegurar las communicaciones exteriores y a señalar la presencia del enemigo. Adquiere gran variedad de formas y puede tener un pequeño recinto.

Tour souvent isolée destinée à faciliter l'observation, avertir de l'approche de l'ennemi; quelquefois reliée à la fortification principale.

Torre alta di vedetta, posta in posizione dominante, generalmente fuori della cinta fortificata, destinata a facilitare l'osservazione, assicurare la comunicazione esterna ed a segnalare l'avvicinarsi del nemico. Spesso dotata di campana di allarme. Se la torre è opera avanzata provvisoria e destinata al solo avvistamento si chiama bicocca.

Scharwachttürmchen — Pfefferbüchse

échauguette

escaraguaita — torrecilla — cubillo — guaita

échauguette

torretta — guardiola — garitta — sentinella

Türmchen oder gemauertes Wachthäuschen oben an den Ecken eines Turmes oder Burggebäudes auf Konsolen vorkragend, auch als Zierde angebracht.

Turret corbelled out from the angle of a tower or wall so as to cover the approaches.

Torre diminuta salediza en los frentes y ángulos de muros y torres. Servía incialmente para vigilancia, pero más tarde fueron solo ornamentales.

Tourelle ou guérite de pierre élevée en encorbellement sur le front ou à l'angle d'une tour ou d'une muraille pour en surveiller les approches.

Piccola torre con feritoia costruita come riparo alle sentinelle e posta generalmente in alto sugli angoli delle mura, delle torri, o di edifici fortificati.

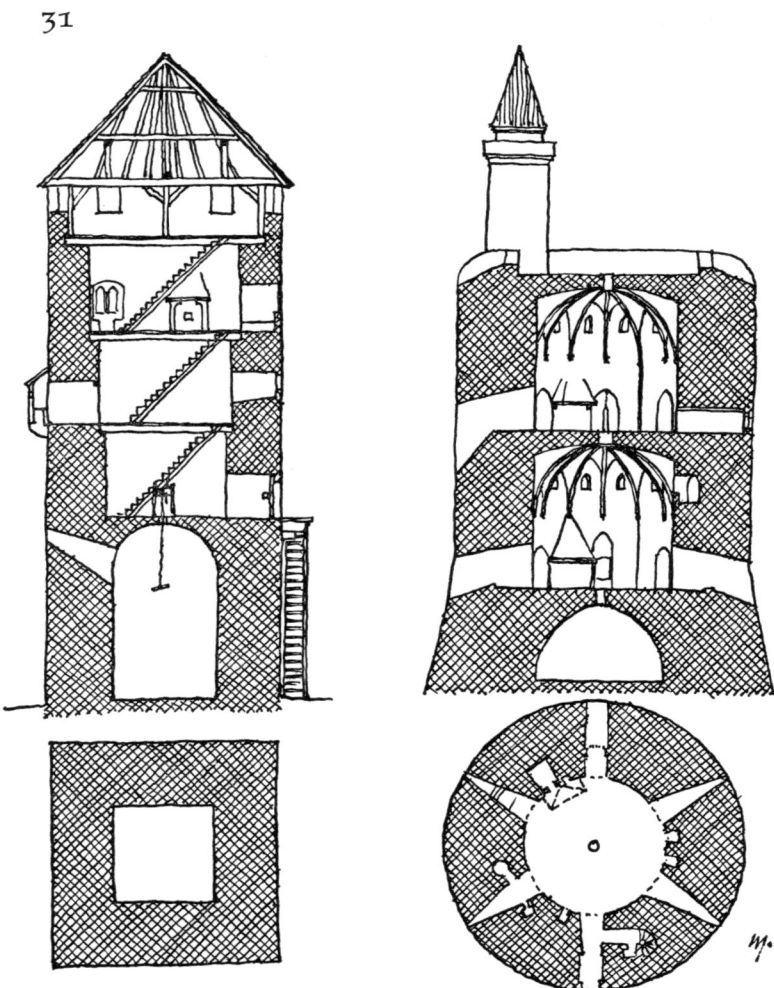

Bergfried — Hauptturm

keep — great tower — donjon

torre mayor — torre del homenaje — macho

donjon

mastio — maschio — torre maestra — torre castellana — cassero

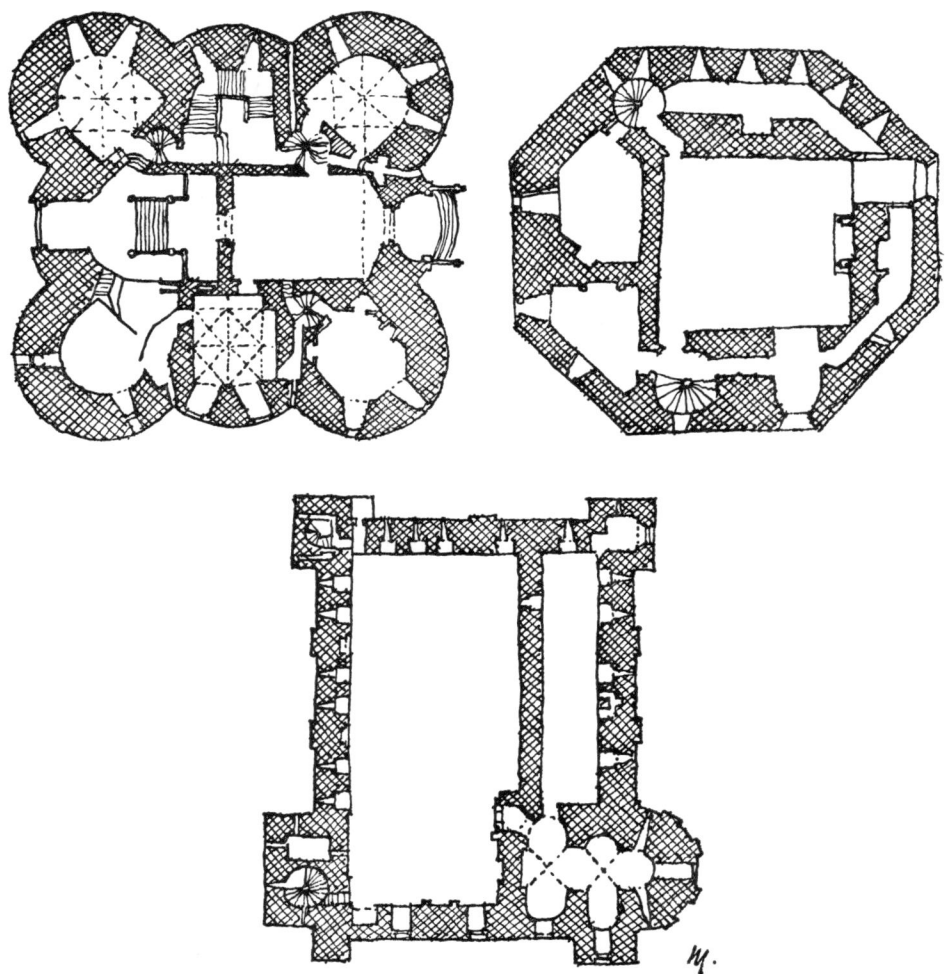

Wohnturm — Hauptturm

keep — great tower — donjon

torre mayor — torre del homenaje — macho

donjon

mastio

Hauptturm der deutschen Burg, meist der höchste, zur letzten Zuflucht bestimmt, wenn der Feind bereits in die Burg eingedrungen ist. Im unteren Schacht Speicher oder Gefängnis, Obergeschosse nur bedingt zum Bewohnen geeignet, Wächterstube. Der in Deutschland seltenere Wohnturm kann als solcher in einer Ringmauer eine kleine Burg darstellen oder bei einer großen Anlage die Wohn- und Wehrfunktionen in der Kernburg vereinigen.

The principal and generally the highest tower of a castle. Would serve in time of siege as the last retreat and final point of defence.

La torre más importante en una fortaleza o castillo que la domina por su disposición y dimensiones. Es el centro de la defensa y el reducto de seguridad. Generalmente posee caracteres defensivos propios y puede ser independizada, en caso de necesidad, del resto de la fortificación. Los pisos superiores se usaban a veces como residencia. Los inferiores estaban destinados a almacén o mazmorra. Por ser allí donde se prestaba juramento de fidelidad, recibió el apelativo de homenaje (dominio).

Tour principale d'une forteresse, ou organe défensif de grandes proportions, qui par sa taille et sa hauteur commande toute la fortification. Il peut servir d'habitation seigneuriale, mais il est surtout le noyau de la défense, ultime retranchement de l'assiégé. Les étages inférieurs peuvent servir de prison ou de magasins.

La torre più solida e massiccia di una opera fortificata (fortezza, castello, ecc.). Centro di comando e ridotto estremo — quasi sempre dotata di una propria uscita di sicurezza verso la campagna.

CASTELLO ITALIANO

(Castello Fenis nella valle d'Aosta)

Mantel — Mantelmauer

chemise

camisa

chemise

braga — falsa braga

Mantelmauer

chemise

camisa

chemise

braga

Schildmauer — hoher Mantel

chemise

camisa

mur bouclier

braga

Starke Mauer zum unmittelbaren Schutz eines an der Front der Burg stehenden Turmes oder Burggebäudes, oft Ausbuchtung der Ringmauer. Im anderen Fall als Schildmauer ein mächtiger Mauerbau, der die Angriffsseite einer ganzen Burg deckt.

Small enclosure surrounding a keep.

Pequeño recinto que rodea o protege parcialmente la base de la torre del homenaje o la parte más importante de una fortaleza o castillo. (En España es voz tardia.)

Enceinte basse enveloppant ou protégeant partiellement la base d'une tour et plus spécialement du Donjon. Des bâtiments d'habitation ou de service peuvent être adossés à sa face interne.

Mura basse esterne con merlature e percorribili, poste attorno alle torri, al mastio, alla parte più importante del castello, in modo da permettere un tiro radente ed ottenere sicurezza antimina. Queste mura sono caratteristiche del primo periodo di transizione tra la difesa piombante e quella radente.

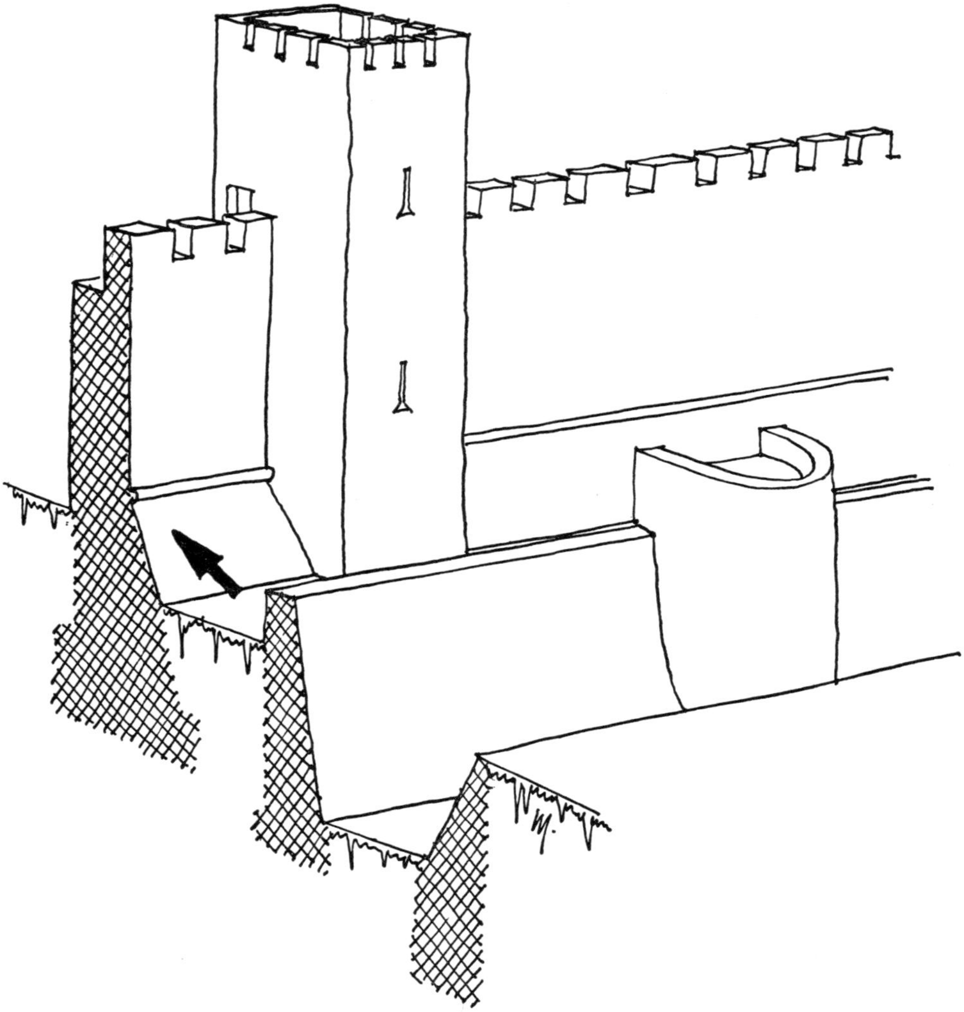

Böschung — Dossierung

batter

talud — alambor — resalte

talus

scarpa — scarpa antimina — camicia

Stark geneigte Fläche am Mauerfuß, 1. zur Verstärkung der Fundamente gegen Untergrabung, 2. zur Ablenkung von Wurfgeschossen der Verteidiger gegen den Feind, 3. um Kriegsmaschinen auf Distanz zu halten.

Steep sloping revement of masonry combining multiple purposes of (1) reinforcing the foot of a wall against sapping and mining, (2) causing projectiles dropped from above to ricochet on to the attackers and (3) impeding the approach of siege engines.

Refuerzo de fuerte inclinación en la parte baja de los muros y torres para darles mayor consistencia contra zapa y mina, mantener a distancia las máquinas asaltantes y permitir que los proyectiles lanzados por los defensores reboten sobre el enemigo. Cuando su perfil es en línea quebrada, se llama resalte.

Partie basse de la muraille fortement inclinée pour 1) Résister à la mine et à la sape — 2) Provoquer le ricochet des projectiles — 3) Tenir à distance les machines de guerre ennemies.

Muro inclinato alla base dell'opera fortificata allo scopo: di rinforzarla contro le mine sotteranee — di mantenere lontano le torri mobili degli assedianti — di annulare gli angoli morti e far si che i proiettili gettati dall'alto rimbalzino contro l'assalitore. Se tale muro è aggiunto, cosi come ogni fasciatura applicata all'opera fortificata allo scopo di aumentarne la resistenza contro l'urto dei proiettili e degli arieti, si chiama camicia.

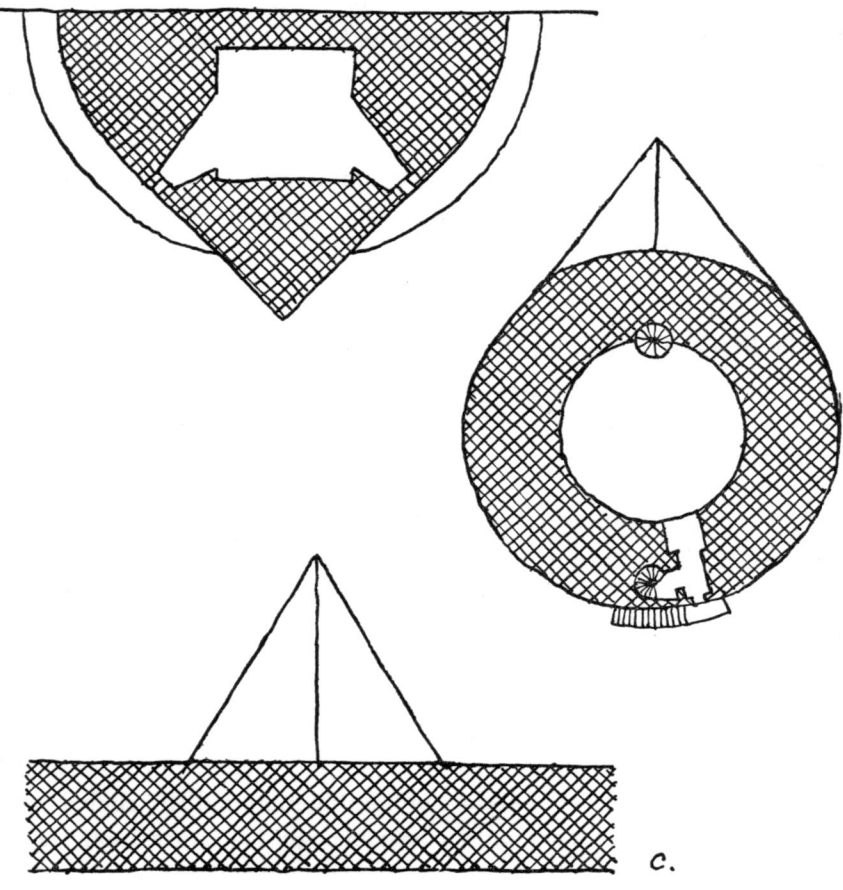

c.

Mauersporn — Strebepfeiler

spur — beak

punta — rediente — espolón

éperon — bec

sperone

Mauerverstärkung in Schnabelform an der äußeren Fläche eines Turmes oder einer Wehrmauer gegen den Beschuß, vor Rundtürmen zur Vermeidung des toten Winkels (in Deutschland selten).

Solid projection, in the form of a point or thickening, on the outer face of a tower or wall, for the purpose strengthening the masonry against projectiles.

Resalte angular vertical que sobresale en una torre o muro reforzándole contra el tiro de proyectiles y dificultando el acercamiento de las máquinas enemigas.

Massif de maçonnerie s' avançant en pointe au-devant d'une tour ou d'un mur, pour les renforcer et éviter les angles morts.

Opera addizionale costruita a tratti a ridosso di una struttura muraria sia per rinforzarla contro la spinta del terreno che per meglio proteggerla dalla offesa degli assalitori.

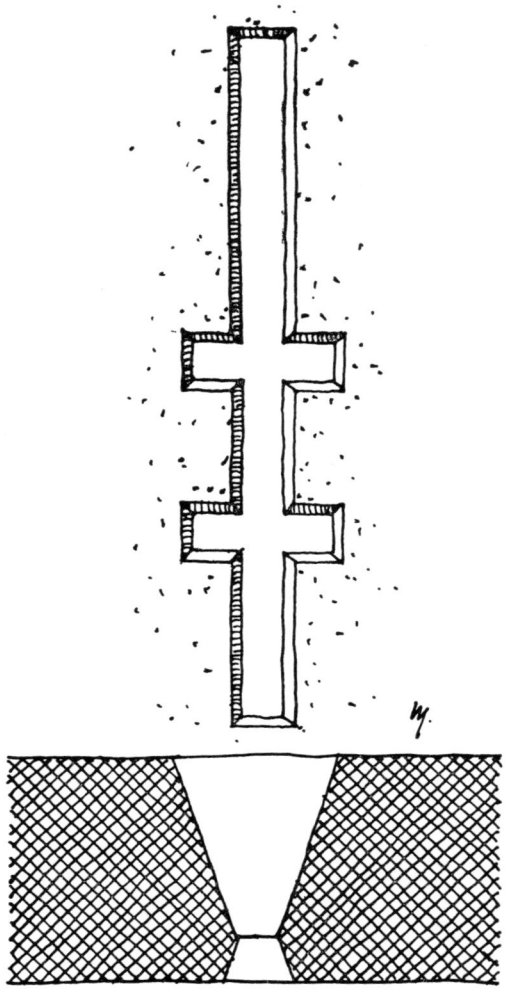

Bogenscharte — Schießscharte — Armbrustscharte

arrow slit — slit — loop-hole

arquera — saetera — lancera — ballestera — aspillera

archère — meurtrière

arciera — saettiera — balestriera — archibugiera — feritoia

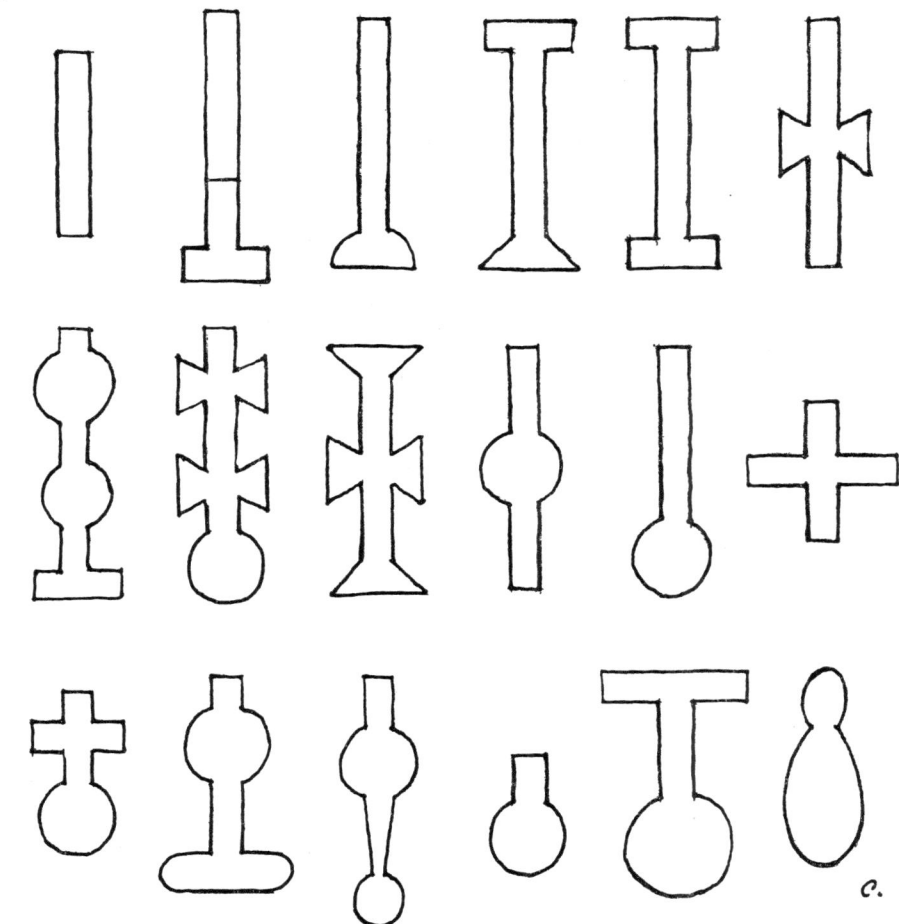

Schießscharte — Schlüsselscharte — Armbrustscharte

slit — arrow slit — loop-hole

saetera — arquera — lancera — ballestera — aspillera

meurtrière — archère

arciera — saettiera — balestriera — archibugiera — fritoia

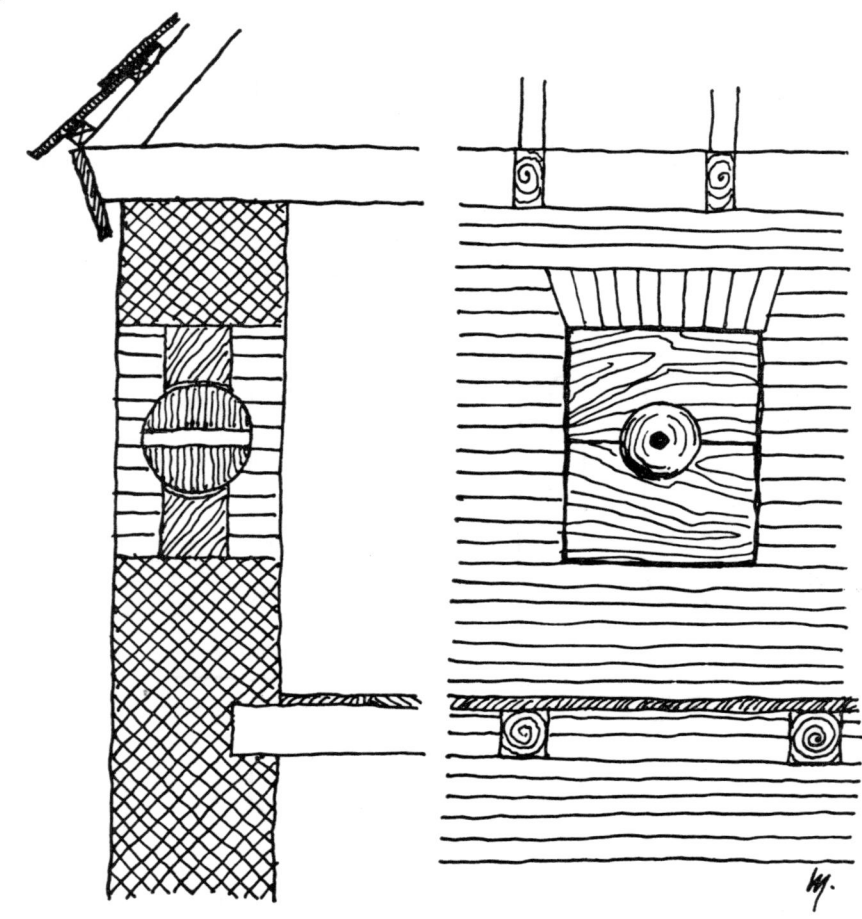

Schießscharte — Kugelscharte

loop-hole

saetera

meurtrière à rotule

saettiera

Aus senkrechten, waagerechten und runden Elementen kombinierter Mauerdurch-bruch zum Gebrauch von Bogen oder Armbrust mit schräger Laibung (schmalste Stelle = Schartenenge). Mehrere im Winkel zueinander liegende Schlitze bilden die Hosenscharte, eine besondere Sicherung des Schützen bildet die Kugelscharte.

Vertical slit contrived in walls or merlons through which to shoot arrows, etc., against an attacker.

Rasgadura normalmente vertical, o en forma de cruz, que se ensancha hacia el interior (a veces también hacia el exterior) y está practicada en los muros y torres, así como en las almenas, para poder tirar sobre el enemigo con armas ar-rojadizas. Existen gran variedad de formas según las armas a que están desti-nadas. Al aparecer las armas de fuego a mano adquieren hacia la base un pequeño agujero circular.

Baie en forme de fente verticale pratiquée dans le mur ou les merlons et large-ment ebrasée vers l'interieur. Elle peut se combiner avec des éléments ronds, ovales, en croix, etc. pour faciliter le tir des armes à main. La plongée est le talus inférieur de l'appui de la meurtrière.

Stretta fenditura normalmente verticale o cruciforme, quasi sempre strombata, aperta nelle cortine, nelle torri, nelle mura dei castelli, nei merli, ecc.; allo scopo di permettere di scaricare l'arco o la balestra sull'assediante proteggendo il difen-sore. Esistono molte varietà di forme e di tipi giustificati sia dall'arma usata ed alla quale dovevano servire, che dagli usi militari della regione nella quale sorgeva l'opera fortificata. Con l'avvento delle armi da fuoco subì parecchie modificazioni allo scopo di consentire una più ampia manovra di tiro all'archibugio ed allo schioppo.

Maulscharte — Geschützscharte

gun-port — gun-loop

tronera — cañonera

embrasure à armes à feu — canonnière

archibugiera — troniera — cannoniera

Horizontalscharte, oft mit mittlerem Kreis oder Oval als Öffnung, in der Wehr-mauer für eine Geschützmündung. Später zur Verbesserung der Wirkungsmög-lichkeiten meist horizontal in verschiedenen Formen erweitert und mit abgetrepp-ten Laibungen nach außen versehen.

Vertical slit terminating in round oval hole at base to allow for a gun or cannon. Later enlarged into gun embrasures of various types, with a tendency to become more horizontal so as to allow a wider traverse for the gun.

Rasgadura adaptada al empleo de los »truenos« o primitivas armas de fuego. Nor-malmente tenía en su parte baja un agujero circular u ovalado del tamaño ade-cuado al calibre del arma utilizada. Más tarde tomó forma rectangular o de arco rebajado, con derrame interior para aumentar la eficacia del tiro.

Meutrière pour le tir au canon à embrasure cônique simple, double ou triple, dis-posée horizontalement pour faciliter le pointage en direction. La forme des meur-trières peut être ronde, demi-ronde, ovale etc.

Feritoia generalmente a forma circolare, semicircolare, ovale, ecc.; con svasatura conica semplice, doppia o tripla per meglio inserirvi la bocca delle armi fuoco e facilitarne il puntamento.

37

Schartennische — Schießkammer

embrasure

cámara de tiro

chambre de tir

camera di tiro

144

Geschützkammer — Schießkammer

embrasure

cámara de tiro

chambre de tir

camera di tiro

Mauernische hinter einer Schießscharte als Standort des Schützen oder zur Aufstellung einer Kanone.

Space provided within thickness of wall to enable use of arrow slits or gun ports.

Espacio o nicho que queda en el grueso del muro detrás de la aspillera o tronera para alojar al defensor.

Niche creusée dans la muraille derrière une meurtrière pour servir à l'emplacement du tireur ou de l'artillerie.

Spazio ricavato nello spessore delle mura in corrispondenza della feritoia, della troniera o della cannoniera verso l'interno della fortificazione.

Steinbüchse in einer fahrbaren Schutzhütte

Konrad Kyeser; Bellifortis Bl. 108a

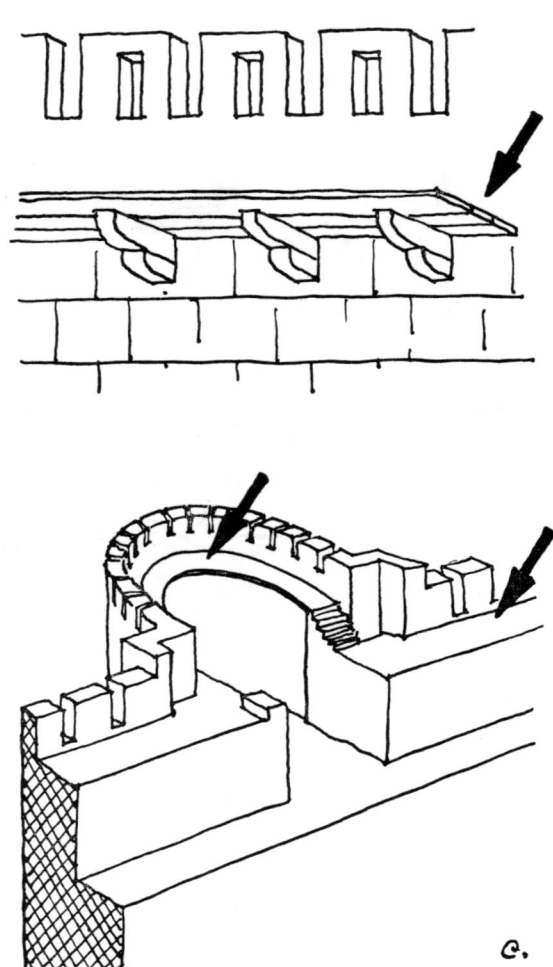

38

Wehrgang

wall walk — allure

adarve — camino de ronda — paseador

chemin de ronde

cammino di ronda

Gang auf der Ringmauer oder Umwallung zur Verteidigung und als Verbindungs-weg, der durch eine Brustwehr oder eine Wand mit Schartenöffnungen geschützt ist, in Deutschland vorwiegend überdacht.

Path along the top of a curtain wall, protected by a parapet on the outer side and connecting the different parts af the castle.

Parte superior de los muros (a veces de la empalizada) protegida al exterior por el parapeto. Facilita la defensa y permite la libre circulación de los defensores. A veces un volado al interior, sobre canes, aumenta su anchura. Normalmente des-cubierto, podía cubrirse en lugares frios. Puede estar cortado por vacíos salvados por pasarelas móviles.

Chemin établi au sommet du mur d'enceinte et des tours pour faciliter la garde, la défense et les communications intérieures. Protégé par un parapet crénelé ou non, il peut être installé soit dans l'épaisseur de la muraille, soit en surplomb sur des corbeaux. Le chemin de ronde est normalement àl'air libre, mais est parfois couvert.

Ripiano posto alla sommità delle mura, riparato del parapetto con o senza mer-latura, a servizio delle scolte e dei difensori. Può essere ricavato nello spessore delle mura oppure costruito a sbalzo verso l'interno ed appoggiato su beccatelli o mensole. Vi si accede dalle torri o dalle scale esterne in vivo. Qualche volta può essere anche coperto, ma spesso interrotto da piccoli ponti levatoi o da passerelle volanti. Anche le palizzate possono avere il cammino di ronda.

39

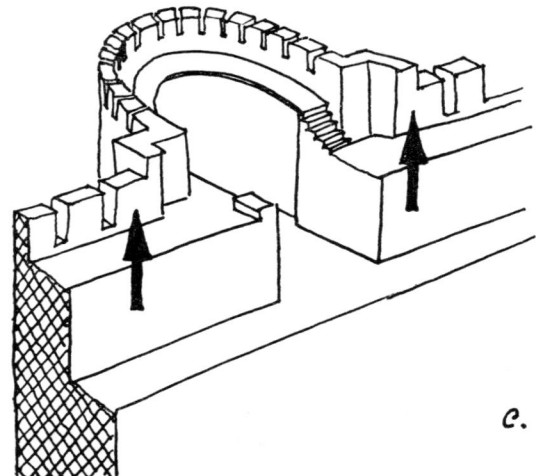

c.

Brustwehr — Brüstungsmauer

parapet

parapeto — pretil

parapet

parapetto

Schutzwand an der Ringmauer oder an der Wehrplatte eines Turmes mit glatter Oberkante oder mit Zinnen besetzt.

Exterior protection of wall-head or tower top. It may be plain or battlemented.

Muro de protección del camino de ronda o de la plataforma de las torres. Puede ser contínuo o almenado.

Mur de protection du chemin de ronde ou de la plateforme des tours. Peut être plein ou crénelé.

Muro di protezione del cammino di ronda e delle piattaforme delle torri. Può essere con o senza merlatura.

40

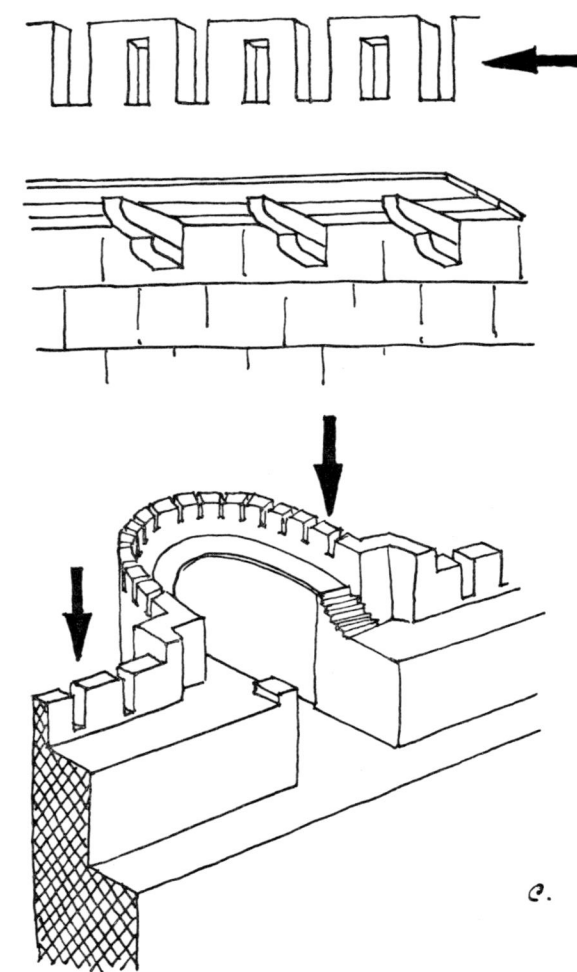

C.

Zinnenkranz

crenellation — battlementing

almenaje — crestería

crénelage

merlatura

Gezahnte Oberkante einer Wehrmauer oder eines Wehrbaus. Aufgehender Mauerzahn = Zinne.

Sequence of merlons and the intervals between them along the top of a parapet.

Alternancia de macizos y vanos en que termina el parapeto coronado muros y torres, para facilitar el tiro y proteger a los defensores.

Mur divisé alternativement en vides et pleins, créaux et merlons, au sommet d'une muraille ou d'une tour.

Alternanza di blocchi di muratura e di intervalli a coronamento del parapetto delle mura e delle torri per facilitare il tiro e meglio proteggere il difensore.

41

Zinne

merlon

almena — merlete — merlón

merlon

merlo

Schildartiger Mauerteil auf der Brustwehr des Wehrganges, der es dem Verteidiger ermöglicht, geschützt die Armbrust zu spannen oder einen anderen Abwehrakt vorzubereiten.

Solid part of battlemented parapet occuring between consecutive spaces, merlons and spaces altering with one another.

Cada una de las partes macizas del almenaje, que toman diversas formas que las califican y pueden tener saeteras. Destinadas a proteger al defensor, en algunas construcciones tardías eran falsas o de »aparato« (En España »merlon« es una voz tardía).

Partie de mur séparant deux créneaux. Peut prendre des formes diverses et être percé ou non d'une meurtrière.

Blocco di muratura posto tra un intervallo e l'altro della merlatura.

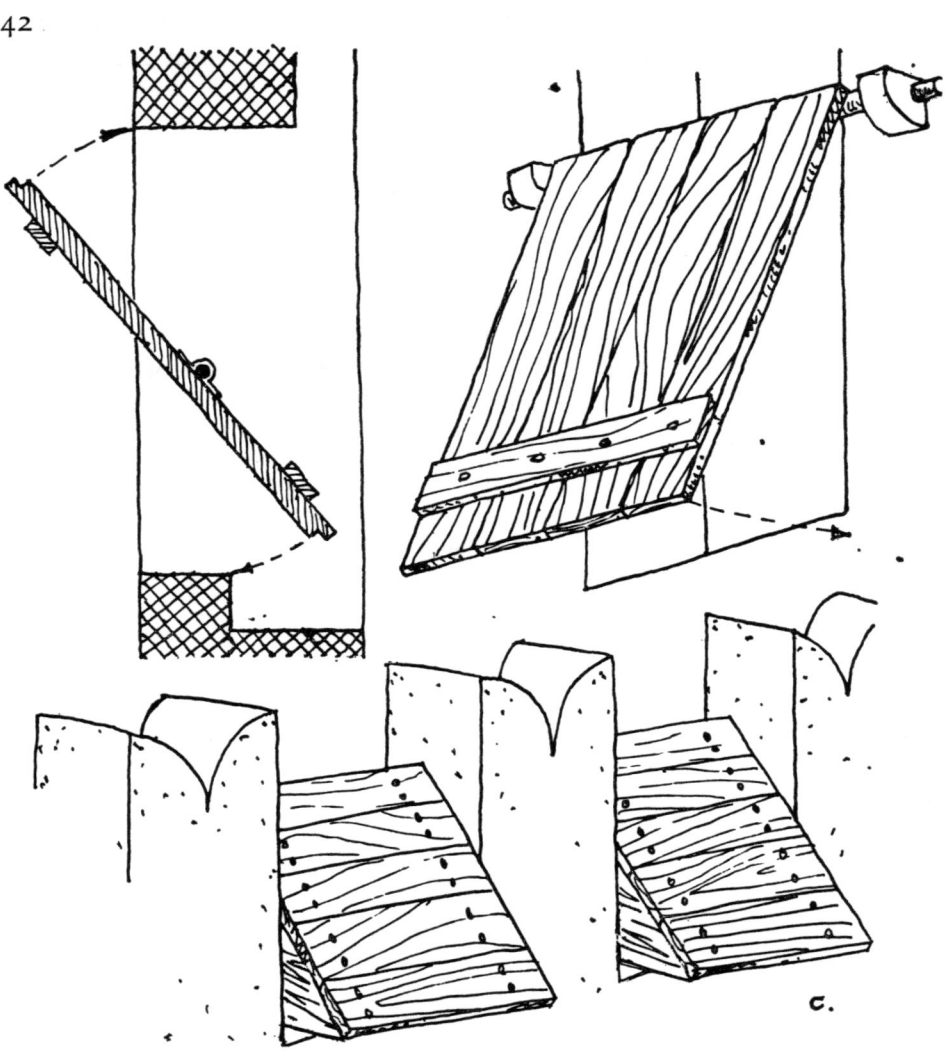

Klappladen — Schirm — Schartenladen

flap — shutter

mamparo — mantelete — escudo

volet mobile — mantelet

ventiera — mantelletta — lucchetta

Beliebig vertikal zu öffnender oder zu schließender Holzladen vor einem Fenster oder einer Zinnenlücke, um eine obere oder mittlere Horizontalachse schwenkbar.

Wooden panel or flap which can be opened or closed in front of space between merlons.

Panel de madera basculante o fijo para cubrir o disimular los vacíos entre dos almenas, una vez efectuado el tiro.

Panneau de bois basculant sur des crapaudines, fixé au devant d'une ouverture ou d'un crénau. Il permet au tireur de se protéger en ouvrant le volet au moment du tir.

Tavolone mobile incernierato a bilico tra due merli posto a protezione del difensore, il quale dopo averlo aperto ed effettuato il tiro veniva ad essere immediatamente coperto e tolto alla vista del nemico. Quando tale riparo in legno a copertura del difensore, posto tra merlo e merlo, non è mobile ma costruito a forma di una scatola troncopiramidale con la base aperta verso il basso si chiama lucchetta.

43

Rüstloch

putlog hole

mechinal

trou de boulin

buca pontaia

Rundes oder eckiges Loch in einer Wehrmauer, die als solche bei Verwendung verschiedenster Materialien in ihrem Aufbau und ihrer Oberflächengestaltung charakteristisch ist, zur Aufnahme von Horizontalriegeln oder Kragbalken eines Baugerüstes oder eines vorgekragten hölzernen Wehrgangs.

Hole made in a wall to receive the end of the horizontal beams which supported the constructional scaffolding.

Agujero en murallas o torres, redondo o cuadrado, que servía para recibir las vigas o travesaños de los cadalsos. También para montar los andamios empleados en la reparación de muros o torres.

Trou dans la muraille, rond ou carré, destiné à recevoir les poutres de support des hourds ou d'un échafaudage.

Foro a sezione rotonda o quadrata lasciato nella struttura delle mura e delle torri (in genere dall'armatura lignea usata nella costuzione), allo scopo di servire sia per le riparazioni, ma sopratutto per facilmente protendere incastellature o sbalzi occasionali per la difesa.

Hurden — vorgekragter, hölzerner Wehrgang

hoarding — hourd

cadalso — cadahalso — palenque

hourds — hourdage

incastellatura

44 a

Hurden

hoarding — hourd

cadalso — cadahalso — palenque

hourds — hourdage

incastellatura

Außen oder innen vorkragende, hölzerne Wehrgänge an Wehrmauern mit erweiterter Fläche und Öffnungen zum Beschuß des Feindes am Mauerfuß. Darin zuweilen nach verschiedenen Richtungen geführte Kombination von Schießöffnungen von einem Standplatz aus.

Wooden superstructure projected from a castle wall-head to give increased firepower over ground below.

Cobertizo temporal de madera, con aspilleras en el frente y en el suelo, que se instalaba en el cuerpo o en las cabeceras de muros y torres, en voladizo sobre vigas o canes, para facilitar el tiro vertical y aumentar la defensa.

Superstructure en bois, posée en encorbellement sur la muraille. Son plancher et sa face sont percés d'orifices permettant la tir vertical ou oblique sur les assaillants.

Piattaforma provvisoria in legno di varia forma (coperta o scoperta) posta sopra la parte alta delle mura o delle torri, sporgente all'esterno per facilitare il tiro verticale dei difensori, aumentarne il volume e battere al piede la fortificazione.

Mittelalterliches Dampfbad

Konrad Kyeser; Bellifortis Bl. 114

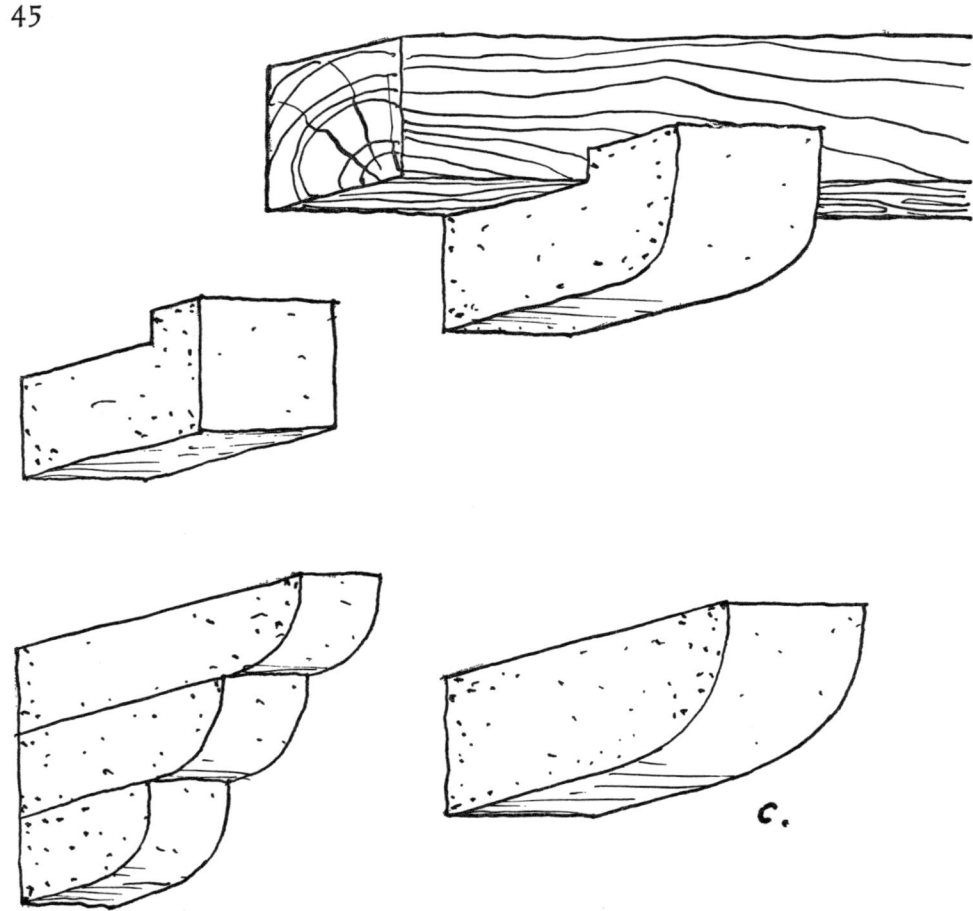

c.

Konsole — Kragstein

corbel

can

corbeaux — consoles

mensola — gattone

Als Auflager für eine Last vor die Fläche tretender Bauteile (Erker, Balkon) aus der Mauer vorkragender, meist profilierter Stein.

Horizontal stone or wooden bracket projecting from a wall so as to support machicolations, brattices, garderobes, etc.

Pieza de piedra encastrada perpendicularmente a los muros de recintos o torres y destinada a sostener cadalsos, matacanes, ladroneras, letrinas, el camino de ronda, etc.

Pierres souvent moulurées, et faisant saillie sur le mur, et destinées à porter une construction en encorbellement ou une poutre.

Blocco di pietra di forma generalmente parallepipeda incastrato perpendicolarmente al paramento delle mura e delle torri allo scopo di sostenere altri elementi o strutture architettoniche (Incastellature, cammini di ronda, bertesche, latrine, ecc.).

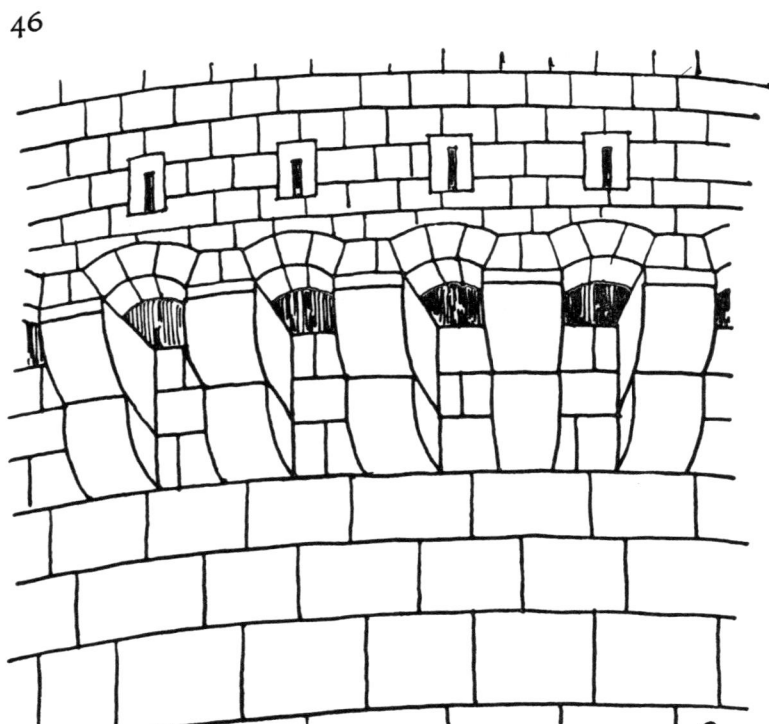

Maschikulis — Gußlochreihe

machicolation — machicoulis

matacan

mâchicoulis

caditoie — piombatoie

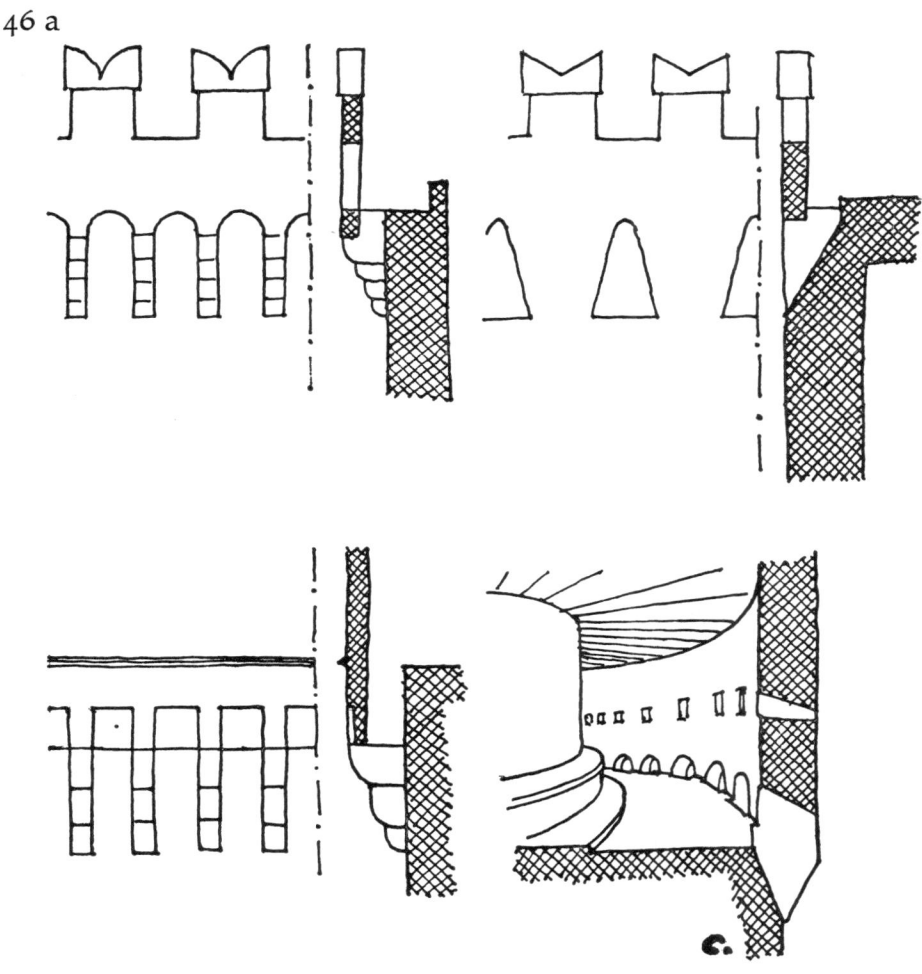

Senkscharten — Fußscharten — Gußlochreihen

murder hole

buhedera — buhera

assommoir — mouchard

caditoie — piombatoie

Nach unten gerichtete Öffnungen in einer auf Konsolen vorkragenden Mauerblende, am Fuß von Wehrgängen und am Dachfuß von Gebäuden (Gußlochreihe), besonders über dem Tor, zum Bewurf oder Beschuß des Feindes am Boden.

External gallery corbelled out from the wall top and pierced with openings to give donward fire against the attacker. The spaces between the corbels are the machicoulis.

Coronamiento de murallas o torres formando una obra destacada que ensancha la base del adarve y deja en el suelo agujeros cuadrados o ranuras alargadas, a modo de buheras o aspilleras, cada una entre dos canes o contrafuertes. Destinada a la defensa vertical, en sustitución de los vulnerables cadalsos.

Série d'assommoirs verticaux placés en encorbellement au sommet de la muraille, destinés au tir plongeant.

Aperture praticate normalmente sotto il parapetto delle mura, delle torri, ecc.; per lasciare cadere proiettili e materiali di vario genere sugli attaccanti. In specie quando il parapetto e la merlatura sono avanzate e quindi sostenute da beccatelli le aperture sono ricavate tra un beccatello e l'altro in modo da ottenere una serie di aperture formanti una difesa piombante continua.

Gußerker — Pechnase — Breteshe — Erker — Söller

brattice — box-machicoulis

ladronera — buharda — balcón amatacanado — matacan

bretêche

bertesca — piombatoia — naso

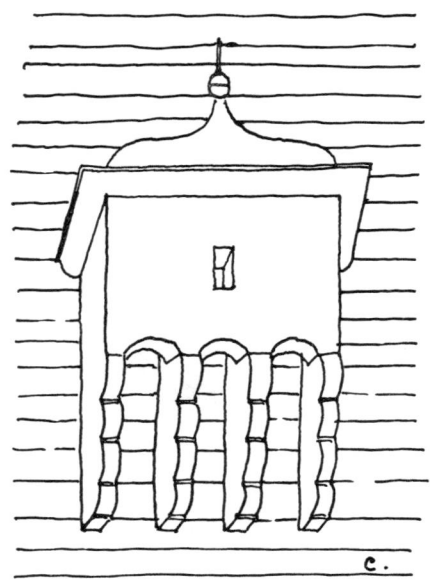
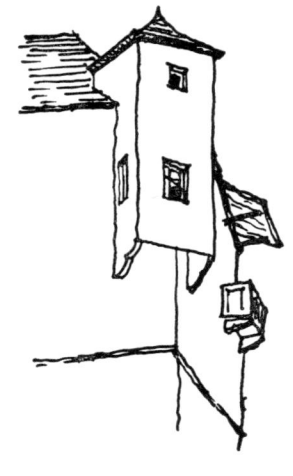

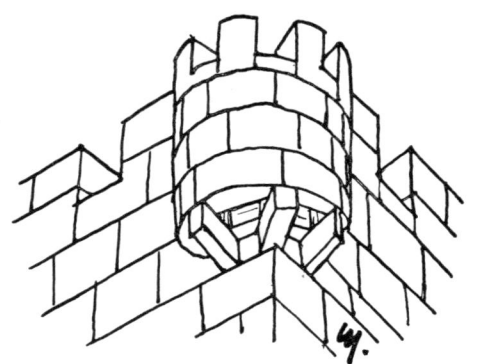

Erker — Söller

brattice

matacan

bretêche

bertesca — fertisca

Gemauerter oder hölzerner Vorbau oder Erker auf Konsolen ohne Boden an Wehrbauten (Tor, Ringmauer) zur Bekämpfung eines Feindes am Mauerfuß durch Ausgießen kochender Flüssigkeiten (Wasser, Öl, Pech), oder offener oder geschlossener Balkon zur Ausschau oder zur Zierde.

A projection corbelled out in stone and pierced with machicoulis and arrow loops so as to give both flanking and vertical projection (e. g. over a gate-way).

Pequeño cuerpo rectangular, saliente de los lienzos o esquinas, cerrado por el techo, con saeteras en frente y costados y suelo aspillerado para la defensa vertical de una puerta o punto débil. Cuando está descubierto se llama balcón amatacanado.

Petite construction en encorbellement sur la muraille et le plus souvent de forme rectangulaire, destinée à la défense verticale.

Piccola opera in legno o muratura (coperta o scoperta), di varia forma costruita su mensole o beccatelli in aggetto da un muro fortificato o sopra una porta, con servizio di avvistamento, di guardia e di difesa se munita di feritoie e di caditoie. Se la bertesca è scoperta e di pianta circolare o poligonale, posta sull'angolo in alto di una cinta per coprirne l'angolo morto si chiama fertisca.

48

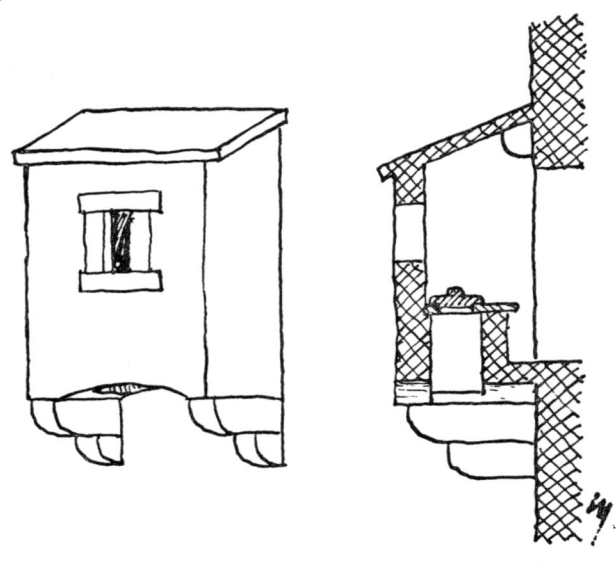

Aborterker

latrine — corbelled garderobe

letrina

latrine en encorbellement

latrina

Abort in einem auf Konsolen vorkragenden Erker über dem Graben oder an ab-
gelegener Stelle der Außenwand.

A latrine carried on projecting corbels so as to open either above an easily cleaned
ditch or over a natural scarp, but usually towards the outside of the enclosure.

Pequeño cuerpo saliente generalmente en forma de buharda cerrada y con uno o
dos vacíos en su fondo. A veces tiene la forma de torrecilla redonda en cuya base
cónica se abre un conducto vertical. Solían situarse sobre escarpaduras naturales
o ricones sin tránsito exterior.

Cabinet d'aisance, ou «retrait», disposé en encorbellement au dessus d'un fossé
ou d'un escarpement naturel.

Piccolo vano ad uso igienico, normalmente costruito in muratura a somiglianza di
una bertesca o di una torretta negli angoli rientranti delle mura dell'edificio fortificato, e sporgente sul fossato o su una scarpata naturale; — oppure ricavato
nello spessore stesso delle mura.

Wehrplatte

platform

plataforma — azotea

plateforme — terrasse

piattaforma

Von einer Brustwehr oder einem Zinnenkranz umgebene obere Plattform von Burggebäuden oder Burgtürmen als Standort der Verteidiger oder von Geschützen (Wurfmaschinen und Schleudern). In Deutschland in ruhigen Zeiten durch ein Abwurfdach gegen Witterung geschützt.

Topmost level of tower, where defenders could fight from behind protection of parapet.

Cubierta plana del último piso de las torres donde, al abrigo de los parapetos, se situaban los defensores con sus máquinas de guerra. En países fríos puede estar cubierta.

Couverture horizontale d'une tour ou d'une partie de fortifications, réalisée en bois ou en maçonnerie, servant à l'emplacement des engins de guerre et des canons. Peut étre temporairement couverte d'une toiture.

Ripiano praticabile in legno o muratura, sito alla somità della torre che copre, limitato dal parapetto con o senza merlatura, a servizio dei difensori con le loro armi da getto. Può essere scoperto o coperto con tetto.

50

Nebengebäude — Speicher — Zehntscheune — Ställe

service buildings

dependencias

dépendances — communs

edifici secondari — servizi — dipendenze

Meist auf der Vorburg stehende Bauten, die der Verwaltung und Bewirtschaftung dienen. Speicher zur Abgabe und Verwahrung der Naturalleistungen (Zehend). Vieh- und Roßställe.

Ancillary buildings, e. g. stables, brewhouse, bakehouse, etc.

Locales o edificios secundarios, destinados a alojamientos, caballerizas, leñera, granero, bodega etc.

Constructions annexes d'un château, servant de magasins, celliers, écuries, étables, etc.

Locali o costruzioni secondarie adibite a diversi usi a servizio del castello, della fortezza, ecc. (alloggiamenti, scuderie, selleria, magazzini, granai, legnaia, ecc.).

nach Dürer

Burghof — Ehrenhof

inner ward — inner bailey — inner courtyard

patio señorial — patio principal

cour

cortile — corte d'onore

Von Mauern und Gebäuden an denselben umschlossener, meist ungedeckter Platz in der Kernburg als Verkehrsraum und Platz zum Empfang der Gäste, bei großen Anlagen auch für ritterliche Kampfspiele.

Open area containing the main buildings.

Espacio despejado en el interior del castillo, rodeado por los edificios principales. A veces se adorna con columnatas y galerías suntuosas.

Espace situé à l'intérieur d'un château-fort, sur lequel s'ouvrent les bâtiments principaux.

Spazio scoperto e chiuso, all'interno del castello, attorno al quale si articolano i vari edifici, alle volte con porticati e loggiati. L'ingresso a detto spazio è quasi sempre custodito da difficili passaggi.

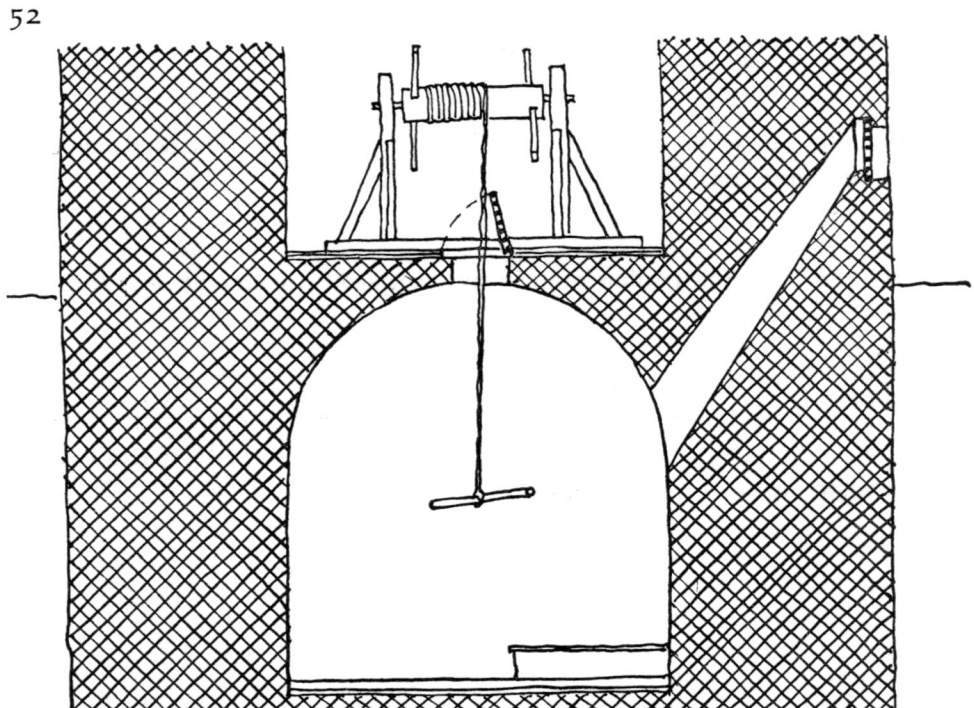

52

Verließ — Gefängnis — Faulturm — Hungerturm

dungeon — prison — oubliette

mazmorra — calabozo — prisón

oubliette — cachot — prison — vade in pace

segreta — in pace

Gewölbter Kellerraum zur Verwahrung der Gefangenen, nur durch einen hoch-
gelegenen Wandschlitz belüftet und beleuchtet, gelegentlich mit einem Abtritt
ausgestattet. In Deutschland oft im Untergeschoß des Bergfrieds oder in einem
besonderen Turm. Zugang durch das »Angstloch« im Scheitel des Gewölbes, der
Gefangene wurde auf einem Reitholz sitzend in die Tiefe abgeseilt.

Dark and narrow cellar or deep hole with only one opening, sometimes concealed,
into which prisoners were thrown. True dungeons are uncommon.

Pequeña y oscura cámara abovedada bajo los patios o torres (especialmente la
torre mayor) a veces con entrada por un orificio superior, destinada a custodiar
prisioneros.

Caveau voûté, exigu, éclairé et aéré par des ouvertures très haut placées, où par
un trou étaient descendus les prisonniers ou les condamnés. Souvent situé à
l'étage le plus bas du donjon ou dans une tour-prison.

Locale sotteraneo, con entrata a botola nella volta, generalmente ricavato nel
mastio per segregarvi una certa categoria di prigionieri.

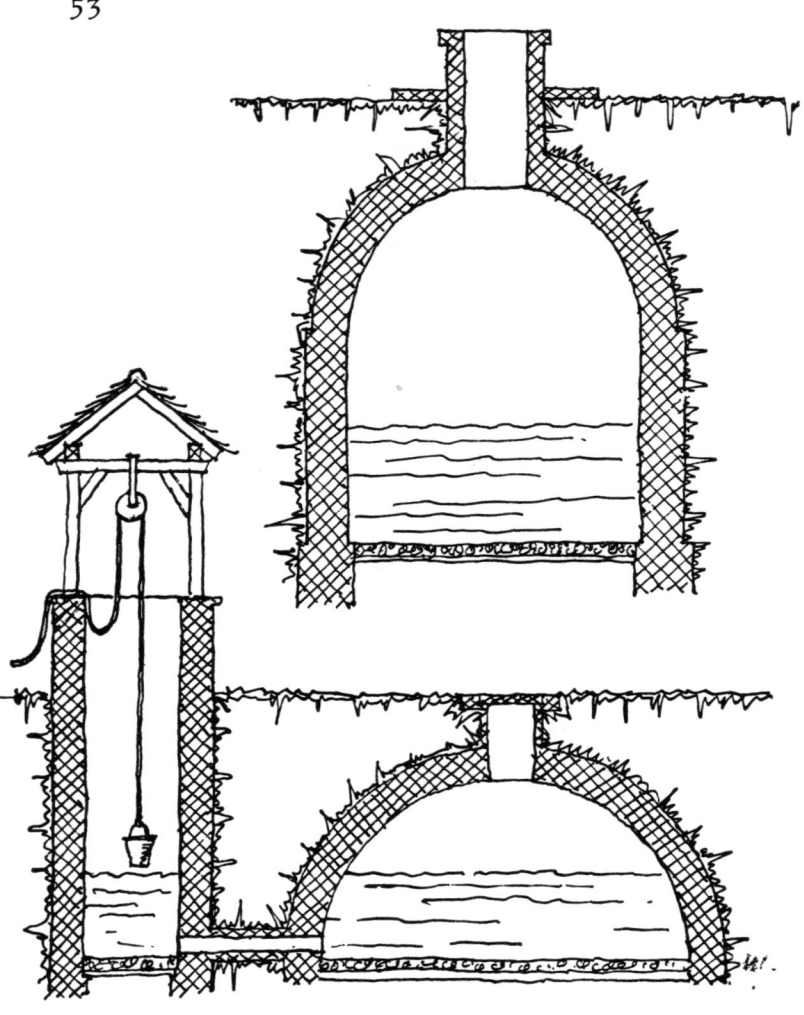

53

Zisterne

water tank — cistern

algibe — cisterna

citerne

cisterna

Gemauerte, bedeckte Becken von verschiedenen Formen und Tiefen zum Sammeln und zur Klärung und Aufbewahrung des Regenwassers von den Dächern der Burggebäude. Auch Wasserreservoir auf einem Bauwerk.

Small chamber of varying depth, fully coverd and lined in stone, intended for collecting and storing water.

Receptáculo subterráneo, generalmente abovedado y con un revestimiento impermeable para recoger y conservar el agua de lluvía o procedente de un manatial.

Réservoir maçonné de diverses formes et de profondeur variable, destiné à recueillir, à décanter et à conserver les eaux.

Vasca, sempre coperta ed interrata, atta a raccogliere e conservare le acque piovane.

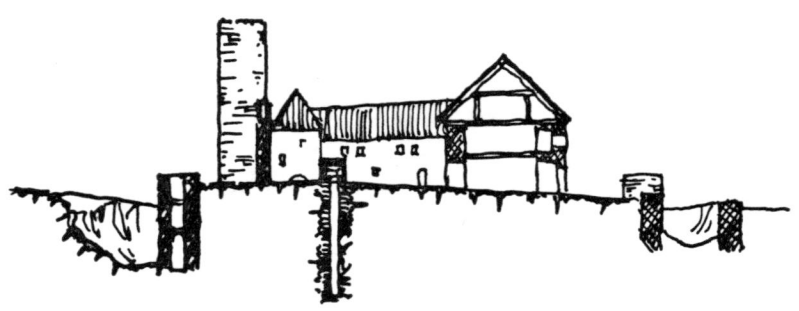

54

Brunnen — Ziehbrunnen

well

pozo

puits

pozzo

Anlage zur Wasserversorgung der Burgbewohner aus dem Grundwasser durch einen bis zu 150 m tiefen, in den Fels gebohrten oder ausgemauerten Schacht mit Aufziehvorrichtung für den Schöpfeimer.

Cavity dug in the ground to greater or less depth to enable water to be drawn from the subterranean strata.

Excavación cilíndrica vertical de suficiente profundidad para encotrar una vía de agua, generalmente revestida de piedra o ladrillo. Solía estar situada en el patio principal.

Trou généralement ciculaire et maçonné creusé verticalement dans le sol pour atteindre la nappe aquifère souterraine, proche de la surface, ou pour accéder à une galerie de mine.

Scavo verticale a sezione generalmente circolare, più o meno profondo e quasi sempre rivestito di pietra o di mattoni allo scopo di raccogliere l'acqua potabile della falda sotterranea.

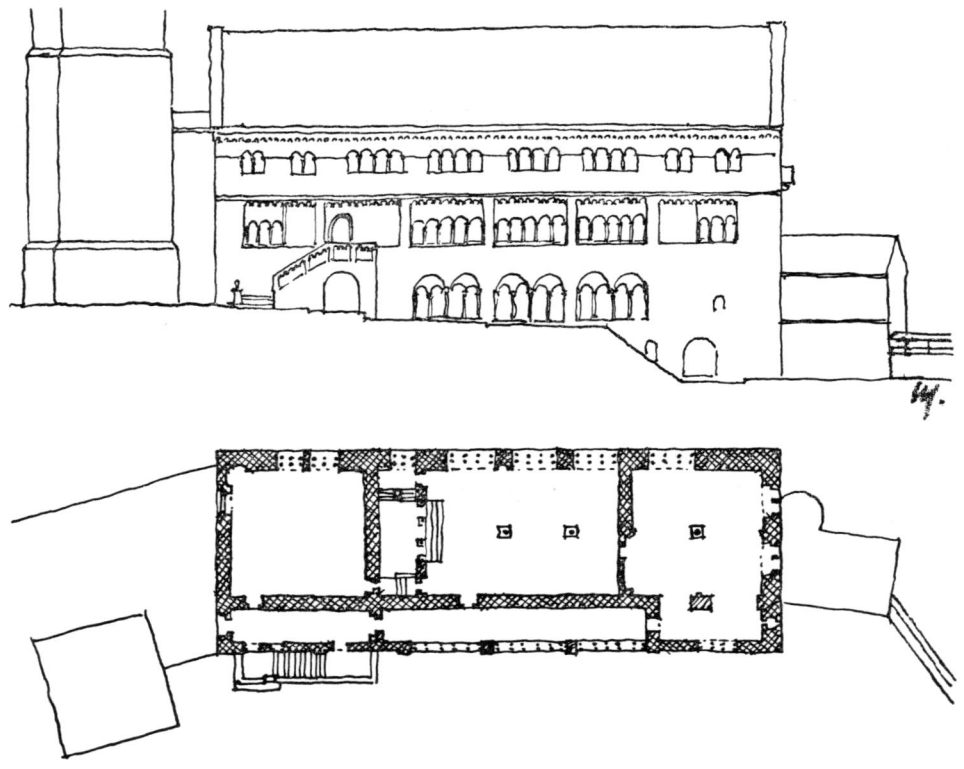

55

Palas — Wohnhaus — Kemenate

residential apartments

residencia señorial — aposentos — cámaras

logis

residenza — parte residenziale

Hauptwohngebäude der Burg, meist unterkellert und zweigeschossig mit der Dürnitz im Erdgeschoß, dem Saal und Wohnräumen im Obergeschoß — Kemenate = caminata, durch einen Kamin, später auch Kachelofen beheizbares Bauwerk oder Raum in der Burg.

Buildings or lodgings constituting the lord's residence.

Parte interna de un castillo destinada al alojamiento del señor o de su alcaide. Adopta, por lo general, formas amplias y más menos suntuosas con galerías, escaleras y salas, o »cuadras" artísticamente decoradas. En caso de peligro, el señor o alcaide se refugiaba en la planta noble o parte alta de la torre mayor, asímismo dispuesta y decorada a ese efecto.

Bâtiment destiné au logement et à la résidence du seigneur. Il peut comporter plusieurs étages, avec des salles ou des pièces d'habitation dont certaines munies de cheminées.

La parte del castello, normalmente quella interna, adibita ad abitazione e residenza del signore o del suo rappresentante.

56

Saal — Rittersaal

great hall

sala señorial — gran sala

grande salle — salle d'honneur

sala d'onore — sala di giustizia

Hauptraum im Palas zur Versammlung und zum Empfang, als Tagesaufenthalt der Burgbewohner und zu Gastmählern der Herrschaft bestimmt. Meist mit einem großen, offenen Kamin ausgestattet. Zugänglich durch eine Freitreppe von außen, später durch Wendeltreppen und Treppenläufe in der Mauerstärke oder in Anbauten.

The largest living room in a castle.

El salón más importante de todos los locales de un castillo, empleado en grandes actos o recepciones.

Pièce principale d'un château-fort réservée aux réunions et aux réceptions.

In genere la sala maggiore del castello usata dal signore nelle grandi occasione e peri ricevimenti. Se la stessa sala veniva anche usata per amministrare la guistizia si chiama sala di giustizia.

Burgkapelle

chapel

capilla

chapelle

cappella — oratorio

Andachtsraum in einem Burggebäude (Palas, Turm, Torbau) oder kleiner freistehender Sakralbau im Burghof. Auf Burgen großer Territorialherren zuweilen Doppelkapelle in zwei Geschossen übereinander, getrennt für die Herrschaft und das Gefolge.

A room or building designed or set aside for religious purposes within the castle.

Lugar del castillo dedicado a la oración y culto religioso. Podía estar alojada en una torre o aposento o formar una construcción independiente.

Lieu de culte d'un château ou d'un palais, ou bien petit sanctuaire situé à l'intérieur de la forteresse.

Piccolo ambiente dedicato al culto — può essere ricavato sia in una sala del castello o dell'edificio fortificato, che occupare una costruzione indipendente nell'ambito del castello stesso o della fortezza.

Register der deutschen Fachwörter

Torbau 15, 15a
Torflügel 17
Torhalle 16
Torturm 15a
Turm 28

Unterirdischer Gang 23

Verließ 52
Veste III
Vorburg 3
Vorgekragter Wehrgang 44

Vorgeschobener Wacht-
    turm 28b

Wachtturm 29
Warte 2, 29
Wehrgang 38
Wehrkirche X
Wehrplatte 49
Wippbaum 11a
Wohnbau 55
Wohnturm 31a
Wolfsgrube 11b

Zehntscheune 50
Ziehbrunnen 54
Zinne 41
Zinnenkranz 40
Zisterne 53
Zugbaum 11a
Zugbrücke 11, 11a, 11b
Zwinger 25
Zwingermauer 24

Index of english terms

portcullis 20
postern 21
prison 52
putlog hole 43

ravelin 14
residential apartments 55

sally port 22
scarp 9

service buildings 50
shutter 42
site 1
slit 35, 35a
spur 34
spur-work 14

tower 28
tower with open gorge 28a

underground passage 23

wach tower 28b, 29
wall walk 38
walled town VII
ward 4
water tank 53
well 54

Index des paroles françaises

abbaye fortifiée VI
archère 35, 35a
assiette 1
assommoir 19, 46a
avant cour 3
avant mur 24

baille 3
barbacane 14
basse cour 3
bastide VII
bastille 2
bec 34
bretêche 47, 47a

cachot 52
canonnière 36
chambre de tir 37, 37a
chapelle 57
château IV
château-fort III
chemin de rond 38
chemise 32, 32a
cimetière fortifié X, Xa
citerne 53
coeur du château-fort 4
communs 50
consoles 45
contrescarpe 10
coupure 8b
cour 51

courtine 27
corbeaux 45
crénelage 40
culée 13

dépendances 50
donjon 31, 31a
douve 8

échaugette 30
église fortifiée X
embrasure à armes à feu 36
emplacement 1
enceinte 26
enceinte extérieure 24
éperon 34
escarpe 9

fléau 18
flèche 11a
forteresse II
fortification I
fossé 8, 8a, 8b
fossé circulaire 8c

gentilhommière V
gorge 8a
grande salle 56

herse 20
hotel fortifié IX

hourdage 44, 44a
hourds 44

latrine en encorbellement 48
levée de terre 6
lice 25
logis 55

mâchicoulis 46
maison forte V
maison seigneuriale IXb
manoir V
mantelet 42
merlon 41
meutrière 35, 35a
meutrière à rotule 35b
motte 5
mouchard 46a
muraille 26
mur bouclier 32b

orgue 20
oubliette 52
ouvrage avancé 2

palais fortifié IX, IXa
palatinat IX, IXa
palissade 7
parapet 39
passage d'une porte 16
passage souterrain 23

Indice delle parole italiane

palizzata 7
parapetto 39
parte residenziale 55
pasarella mobile 12
paserella volante 12
passaggio sotterraneo 23
passaggio segreto 23
piattaforma 49
piazza d'armi 3
piombatoie 19, 46, 46a, 47
ponte fortificato VIII
ponte levatoio 11, 11a, 11b
porta fortificata 15, 15a
porta segreta 22
portone 17
postierla 21
pozzo 54

pusterla 21

rastrello 20
recinto fortificato Xa
rivellino 14
residenza 55
rocca III

saettiera 35, 35a, 35b
sala d'onore 56
sala di giustizia 56
saracinesca 20
scarpa 9, 33
scarpa antimina 33
segreta 52
sentinella 30
servizi 50

sito 1
sperone 34
stanga 18

terraggio 6
terraglio 6
terrapieno 6
torre 28
torre aperta alla gola 28a
torre castellana 31
torre di guardia 28b
torre maestra 31, 31a
torre martello 28c
toretta 30
troniera 36

ventiera 42

Indice de los terminos españoles

adarve 38
alambor 33
albácar 3
alcazaba II
alcázar IX, IXa, IXb
algibe 53
almena 41
almenaje 40
almenara 29
antemural 24
aposentos 55
arquera 35, 35a
asiento 1
aspillera 35, 35a
atalaya 29
azotea 49

balcón amatacanado 47
ballestera 35, 35a
barbacana 14
barrera 24
barrón 18
bestorre 28a
buharda 47

buhedera 19, 46a
buhera 19, 46a

cadahalso 44, 44a
cadalso 44, 44a
calabozo 52
cámaras 55
cámara de tiro 37, 37a
camino de ronda 38
camisa 32, 32a, 32b
can 45
cañonera 36
capilla 57
cárcava 8
casa fuerte V
casona V
castillo III
castillo-convento VI
castillo palacial IV
castro III
catedral fortificada X
cava 8
cementerio fortificado X, Xa
cerca 26

cinto 26
cisterna 53
contraescarpa 10
coracha 2
cortina 27
cresteria 40
cubillo 30
cubo 28
cúpula 28c

dependencias 50

empalizada 7
emplazamiento 1
entremuros 25
escaraguaita 30
escarpa 9
escudo 42
espaldón 6
espolón 34
estacada 7
estribo 13

fortaleza II

Organisationen, die dem IBI korporativ angeschlossen sind:

Asociacion Española de Anigos de los Castillos

Association Royale des Demeurs Historiques de Belgique

Deutsche Burgenvereinigung

Historic Houses Association

Institut Hellénique des Châteaux Historiques

Istituto dei Castelli Italiani

La Demeur Historique

National Trust for Places of Historic Interest and Natural Beauty

National Trust for Scotland for Places of Historic Interest or Natural Beauty

Nederlandse Kastelen Stichting

Österreichischer Burgenverein

Schweizerischer Burgenverein

Vieilles Maisons Françaises

INHALTSVERZEICHNIS